MANUAL DA INFLUÊNCIA

MANUAL DA INFLUÊNCIA

ALEX MONTEIRO

COMO SER IMPORTANTE PARA QUEM IMPORTA

PREFÁCIO DE **JOEL JOTA**

academia

Copyright © Alex Monteiro, 2023
Copyright © Editora Planeta do Brasil, 2023
Todos os direitos reservados.

Organização de textos: Mariana Gomes
Desenvolvimento de exercícios: Mari Coelho
Preparação: Fernanda Guerriero Antunes
Revisão: Valquíria Matiolli e Renato Ritto
Projeto gráfico e diagramação: Gisele Baptista de Oliveira
Capa: Anderson Junqueira

A versão da Bíblia utilizada nas citações que compõem este livro é a Nova Versão Internacional (NVI). Disponível em: https://bibliaestudos.com/nvi/. Acesso em: 2 mar. 2023.

DADOS INTERNACIONAIS DE CATALOGAÇÃO NA PUBLICAÇÃO (CIP)
ANGÉLICA ILACQUA CRB-8/7057

Monteiro, Alex
  Manual da influência / Alex Monteiro. – São Paulo: Planeta do Brasil, 2023.
  192 p.

  ISBN: 978-85-422-2341-5

  1. Desenvolvimento pessoal 2. Desenvolvimento profissional 3. Sucesso I. Título

23-5208   CDD 158.1

Índice para catálogo sistemático:
1. Desenvolvimento pessoal

Ao escolher este livro, você está apoiando o manejo responsável das florestas do mundo

2023
Todos os direitos desta edição reservados à
Editora Planeta do Brasil Ltda.
Rua Bela Cintra, 986, 4º andar – Consolação
São Paulo – SP – 01415-002
www.planetadelivros.com.br
faleconosco@editoraplaneta.com.br

Dedico este livro aos meus pais, Antônio e Dulcinéia, meus grandes mentores na jornada da vida.

PREFÁCIO 9

INTRODUÇÃO 11

PRINCÍPIO 1: **TUDO COMEÇA DO COMEÇO** 23
   AÇÃO 1 43

PRINCÍPIO 2: **NEGÓCIO BOM COM GENTE RUIM VAI SER RUIM, NEGÓCIO RUIM COM GENTE BOA VAI SER BOM** 47
   AÇÃO 2 63

PRINCÍPIO 3: **MENTIRA TEM PERNA CURTA** 67
   AÇÃO 3 88

PRINCÍPIO 4: **DE GRÃO EM GRÃO A GALINHA ENCHE O PAPO** 91
   AÇÃO 4 103

PRINCÍPIO 5: **NÃO SE DEVE DAR UM PASSO MAIOR QUE A PERNA** 105
   AÇÃO 5 125

PRINCÍPIO 6: **CADA MACACO NO SEU GALHO** 127
   AÇÃO 6 140

PRINCÍPIO 7: **COMPRE O QUE PODE PARA CHEGAR AONDE QUER** 143
   AÇÃO 7 162

PRINCÍPIO 8: **MEDIR A ÁGUA E O FUBÁ PARA NÃO DAR CAROÇO** 165
   AÇÃO 8 177

PRINCÍPIO 9: **NÃO ADIANTA SALGAR CARNE PODRE** 179
   AÇÃO 9 189

AGRADECIMENTOS 191

[[PREFÁCIO]]

Ter em mãos um livro para ler e sobre o qual, depois, opinar é sempre motivo de profundo orgulho para mim, pois a educação e a leitura formaram a pessoa que me tornei. Mas existe uma coisa que me gera ainda mais orgulho: receber o livro e, junto, o convite para escrever o prefácio, como é o caso de *Manual da influência*.

Eu me sinto muito feliz e honrado por poder participar destas páginas, que abordam temas de extrema importância, como o resultado que negócios, comunidades, corporações, movimentos e instituições têm tido graças à economia da influência – da qual sou fruto e que hoje é responsável por expressivas mudanças nos sistemas financeiro e educacional do mundo. Os capítulos que seguem, portanto, nos trazem reflexões, princípios e fundamentos da influência não apenas sob a perspectiva matemática e cartesiana, mas, sobretudo, do ponto de vista comportamental, da compreensão, do entendimento.

E ninguém melhor para falar a respeito desses assuntos do que Alex, que, além da paixão que carrega – todas as vezes que eu o encontrei, ele me ensinou sobre influência –, apresenta resultados comprovados na área. Por meio da Non Stop e dos influenciadores e influentes que agencia, o autor é sinônimo de sucesso tanto entre o público brasileiro quanto com a audiência internacional em diversos meios como televisão, internet, eventos, palcos, empreendedorismo e música. E, ao observar todo o conhecimento que Alex tem construído e repassado, não posso deixar de pensar que ele deveria ter escrito este livro antes.

Você está prestes a enveredar por uma jornada sobre influência, transformação, autoconhecimento e resultados que qualquer um pode alcançar. Afinal de contas, todos nós exercemos influência, mas também somos influenciados diariamente.

Alex, parabéns pelo seu trabalho.

Ao leitor, uma boa viagem. Antes mesmo de finalizar estas páginas, você terá a certeza de ter sido profundamente transformado.

Grande abraço!

Joel Jota
Empresário e treinador de alta performance

[[INTRODUÇÃO]]

O poder de influência pode ser considerado uma das fontes de prosperidade mais valiosas que existem – em alguns casos, quase uma máquina de imprimir dinheiro –, e não temos dúvida de que representa uma força desde que o mundo é mundo. Por exemplo, influenciados pela serpente é que Adão e Eva comeram do fruto proibido. Outro exemplo: neste exato segundo, diversas decisões estão sendo tomadas de acordo com a influência de alguém, seja essa pessoa conhecida ou não.

A influência sempre permeou as relações humanas, mas, com o alcance da comunicação em rede, ela passou a ocorrer em uma dimensão gigantesca. É como se a máquina de imprimir dinheiro tivesse se multiplicado! E sabemos, é claro, que muita gente vende máquinas que produzem dinheiro falso.

Se eu dissesse que você pode ser tão influente quanto Whindersson Nunes – considerado, em 2021, um dos 50 maiores influenciadores do mundo e o número 1 do Brasil –,[1] você acreditaria? Talvez não, mas isso é, sim, possível. E vou além: você consegue visualizar uma pessoa do interior do país, sem acesso à internet em casa ou a equipamentos de

---
1 OLÍMPIO, Victória. Whindersson Nunes entra para lista dos 50 maiores influenciadores do mundo. *Correio Braziliense*, 21 maio 2021. Disponível em: https://www.correiobraziliense.com.br/diversao-e-arte/2021/05/4925991-whindersson-nunes-entra-para-lista-dos-50-maiores-influenciadores-do-mundo.html. Acesso em: 2 mar. 2023.

gravação, sem condições de fazer cursos na área, que conta apenas com uma pequena câmera e grava somente durante parte do dia, pois precisa estudar, ajudar em casa e é carente de energia elétrica à noite? Tenho certeza de que, a princípio, sua resposta seria negativa. No entanto, a história que citei é a do próprio Whindersson, e você só o conhece porque ele não desistiu e evoluiu em sua busca por um propósito.

[**QUEM DESISTE FACILMENTE ESTÁ MORTO EM SUAS INSATISFAÇÕES E SILENCIADO PELA VOZ INTERIOR QUE SUPRIMIU SEU PROJETO DE PARAÍSO.**]

A voz em sua mente afirmando que você não pode ser como Whindersson é a parte de si que já o fez desistir de vários projetos, tornando-o desesperançoso.

É óbvio que você não trilhará o mesmo percurso de Whindersson – e perceba que em momento algum eu disse que o faria –, mas posso afirmar que é possível ser tão influente quanto ele e colher os frutos gerados por essa máquina valiosa. E deixo bem claro que não estou vendendo uma máquina falsa, como as mencionadas no início deste capítulo.

Quantas vezes você sonhou em ser fonte de inspiração com sua história de superação ou em alcançar mais sucesso no trabalho utilizando as redes sociais? Quantas vezes já se perguntou o motivo de não conseguir se comunicar no mundo digital? Tenho visto gente talentosa desistir de projetos e jogar para o alto todas as possibilidades de transmitir uma mensagem impactante. Enquanto aqueles que têm algo para somar na vida de diversas outras pessoas se calam, muitos se levantam como uma serpente para influenciar os outros a comerem frutos que levam à morte.

Certa vez, um homem pediu a um camponês que buscasse mantimentos para fazer uma sopa. Este não apenas colheu os ingredientes – legumes e uma erva qualquer – como também preparou o ensopado. Ao se servir, o homem que tomou a sopa percebeu que a erva era venenosa. A intenção do camponês tinha sido boa, ele se mostrou proativo, mas a falta de conhecimento o fez produzir algo letal. De nada adianta boa vontade sem o conhecimento do que verdadeiramente funciona (2 Reis 4:38-41).

Nestas páginas, apresento ensinamentos sobre influência que aprendi na prática ao gerir a carreira de muitos talentos e negócios relevantes; se não coloquei a teoria na prática antes, estou colocando a prática na teoria agora. Aliás, o termo "manual" faz parte do título deste livro por se tratar de um material elaborado manualmente, em que apresento instruções de como utilizar meu conteúdo da melhor maneira; estes capítulos revelam as bases sólidas da influência para que você aproveite as lições de quem participou da construção de diversos influenciadores famosos, mas também de outros que não deram certo.

Muito prazer, sou Alex Monteiro, sócio-fundador da Non Stop, empresa referência na América Latina em marketing de influência e responsável pela carreira de talentos como Whindersson Nunes, Tirullipa, Carlinhos Maia, Gkay, Patrícia Ramos, Rezende Evil, Gustavo Mendes, entre outros. Ou seja, sou o empreendedor desconhecido mais famoso do Brasil.

> **PARA CADA PESSOA QUE ALCANÇOU A FAMA, EXISTEM MUITÍSSIMAS OUTRAS QUE OPTARAM POR NÃO ESTAR NOS HOLOFOTES, MAS SÃO TÃO IMPORTANTES QUANTO QUEM SE DESTACA. SÃO PESSOAS INFLUENTES QUE IMPACTAM GERAÇÕES SEM NEM SE FAZEREM RECONHECIDAS.**

Quando olhamos para um palco, naturalmente focamos o artista que se apresenta; no entanto, para ele ser visto, é necessária a colaboração de um iluminador, um técnico de som, a equipe que divulgou o evento, um maquiador – enfim, toda uma cadeia de trabalhadores. E, nessa corrida, vai mais longe quem identifica sua melhor versão no palco da vida.

A proposta é que este livro seja um guia do universo das influências. Acredite, depois de ler estas páginas, você vai mudar sua concepção a

QUANTAS VEZES
VOCÊ SONHOU
EM SER FONTE DE
INSPIRAÇÃO COM
SUA HISTÓRIA
DE SUPERAÇÃO,
OU EM ALCANÇAR
MAIS SUCESSO
NO TRABALHO
UTILIZANDO AS
REDES SOCIAIS?

respeito de seus saberes e de como potencializá-los – e eu afirmo com convicção, pois é disso que mais entendo. De acordo com o que elenquei parágrafos antes, com certeza você já foi impactado por algumas das interseções que criei – tanto nas redes sociais, no cinema, na TV, como em um outdoor, em shows, em notícias do jornal. Comigo, aqui, você aprenderá o caminho das pedras, ou dos cliques, para ser influente nas redes, nos negócios e na vida.

Antes, porém, me permita resumir minha história – não como uma autobiografia, mas porque as histórias contadas a seguir são lições que aprendi estudando e, principalmente, gerenciando a carreira dos maiores talentos do Brasil e do mundo.

Nasci em Juiz de Fora, no interior de Minas Gerais, e moro em Palmas, Tocantins. Meu pai, conhecido como senhor Antônio, não teve oportunidade de aprender a ler e escrever, mas se tornou um comerciante bem-sucedido. Foi com ele que aprendi lições valiosas, como não deixar o meio determinar minha trajetória e a valorizar o que tenho, não o que me falta.

Eu me formei em Geografia, depois cursei Direito – pois é, por um tempo não tive claro o meu propósito de vida. No entanto, isso também é algo que me credencia a escrever este guia: saber minha trajetória auxilia você a não tropeçar nas mesmas pedras, a ganhar tempo focando coisas que lhe trarão resultados e, mais que isso, a evitar ações frustrantes e que podem impedi-lo de viver algo extraordinário.

Voltando um pouco, estudar Geografia me ensinou a ser um observador; tempos depois, para gerenciar as principais carreiras do Brasil, fui instigado a ver de dentro, porém sem estar dentro; a enxergar a interseção entre o saber de alguém e como este pode se comunicar com sua audiência; a entender o que certo talento busca com suas histórias, o que mais o motiva. Eu não era especialista nos saberes específicos, mas me especializei em cruzar os saberes das pessoas com os demais conhecimentos.

Estamos acostumados a ouvir as histórias mirabolantes dos bem-sucedidos e nos esquecemos de que muitos ficaram pelo caminho. O cemitério dos derrotados é silencioso e, até por isso, podemos ocupar a mesma cova que eles. Eu mesmo quase estive lá, mas você, se continua a ler este livro, certamente já decidiu sair de perto do buraco.

Além disso, vou direcioná-lo por um percurso que o leve a construir uma marca pessoal forte, com base em lições que vivenciei ao aconselhar artistas, políticos, profissionais liberais, líderes religiosos e empresas. Foi vivendo como eterno aprendiz que entendi a necessidade de ter mentores – que não precisam estar na posição de professores para ensinar; basta um bate-papo e o interesse em dividir o que sabem. Buscar o conselho do sábio é algo narrado na Bíblia: "O homem sábio é poderoso, e quem tem conhecimento aumenta a sua força; quem sai à guerra precisa de orientação, e com muitos conselheiros se obtém a vitória" (Provérbios 24:5-6).

O mentor é um conselheiro que já passou por situações semelhantes às vividas pelo aconselhado. É aquele que acelera o conhecimento do mentorado por meio das experiências nos negócios e na vida – por isso, recuse mentores que nada construíram. Talvez a pessoa dê ótima consultoria, mas para mentorar ela precisa ter construído algo. Aliás, de antemão eu digo: estar atento aos grandes mentores que a vida lhe apresenta é crucial para o sucesso. E, por mais clichê que seja, um dos princípios é: deve-se ouvir mais que falar. Os princípios sempre regeram minha vida e, em diversas decisões, me vieram à mente e nortearam a ação a ser realizada.

> *Princípios são, pois, verdades ou juízos fundamentais, que servem de alicerce ou de garantia de certeza a um conjunto de juízos, ordenados em um sistema de conceitos relativos a dada porção da realidade.*[2]

Durante uma aula, em março de 2010, no primeiro período de Direito na Universidade Presidente Antônio Carlos, em Juiz de Fora, o professor Cleyson de Moraes Mello afirmou que princípios são a base do Direito,

---

2 REALE, Miguel. *Filosofia do Direito*. 11. ed. São Paulo: Saraiva, 1986. p. 60.

as lentes através das quais devemos ler as leis, chegando a ser mais importantes que a própria lei. Minha cabeça travou. Aquelas palavras entraram em meu coração como uma flecha poderosa descortinando algo óbvio, mas que até aquele momento eu não havia percebido: os princípios aceleram o entendimento de qualquer coisa.

Toda ação contrária aos princípios, portanto, pode invalidar leis e ações. Sendo o Direito a ciência responsável por viabilizar as limitações que garantem o convívio pleno em sociedade, eu deveria sair daquela aula e aplicar esse aprendizado em qualquer âmbito da vida. *Como eu, tão estudioso, não tinha me atentado ao que rege a vida?*

Estabelecendo princípios, você acelera seu crescimento balizando suas ações. De minha parte, comecei a ver princípios em tudo: nos dez mandamentos que Deus entregou a Moisés, nos ensinamentos de Jesus aos discípulos, nos provérbios chineses. Sempre foi assim com grandes mentores que ensinam princípios – e eles não precisam de inúmeras páginas, aulas ou técnicas sofisticadas.

> **QUANDO ESTABELECEMOS PRINCÍPIOS CLAROS, TOMAR QUALQUER DECISÃO OU DEFINIR QUALQUER AÇÃO – NA VIDA FAMILIAR, PROFISSIONAL, ESPIRITUAL E FÍSICA – SE TORNA MAIS FÁCIL.**

Desde 2018, quando me converti ao cristianismo protestante, estabeleci um princípio basilar que me ajuda antes de qualquer decisão: *Se Jesus estivesse aqui, o que Ele faria?* Foi assim que venci o prejulgamento que fazia das pessoas: *Se Jesus nunca julgou ninguém, por que eu devo julgar?*

E agora eu pergunto: você tem definidos os princípios de sua vida? Sabe exatamente o que não deseja para si? Conhece os limites daquilo que fere seu coração, que tira sua paz, que o impede de evoluir ou crescer? Ter certeza do que não se quer é um bom início para identificar o que se busca.

Princípios são premissas claras e objetivas quando transmitidas na linguagem correta. Eles são verdadeiras obviedades.

> *O problema, porém, é que o óbvio, normalmente, é tão simples e comum que não chega a exercer efeito sobre a imaginação nem oferece muito assunto para a discussão; em vez do óbvio, em jantares de negócios todos gostamos de falar a respeito de ideias supercriativas, pirotecnias e planos elaborados.*[3]

Tudo isso parece evidente; contudo, é difícil de ser percebido e entendido. Somos doutores em gourmetizar as coisas para agregar valor a elas, mas, acredite, o óbvio precisa ser dito e analisado, pois o é apenas para alguns.

Depois daquela aula, captei uma grande obviedade: meu maior mentor da vida sempre esteve a meu lado, mas eu nunca o enxergara nessa posição, pois acreditava que qualquer ensinamento deveria ser precedido de estudos catedráticos profundos. Quem não gosta de citar uma pesquisa da Universidade Harvard, por exemplo? Até aquele momento, eu não tinha dado importância ao homem mais sábio que conheci: sr. Antônio Monteiro, meu pai. Sim, o senhor que, conforme dito em parágrafos anteriores, não sabia ler nem escrever. Ele não conhecia o texto da lei, mas sabia os princípios que a regiam.

Lembro que, em uma viagem à França – país que amo visitar, em especial pelos ideais libertários que a atmosfera carrega –, ao lado da Sorbonne, eu me deparei com o Collège de France, cujo lema em latim é *Docet omnia*[4] ("Todas as coisas são ensinadas", em tradução livre). O colégio tem como objetivo, desde 1530, mostrar a importância do ensinamento advindo daqueles que não possuíam grandes certificações, mas contavam com as marcas do aprendizado empírico – talhado com a vivência –, não o apresentando como verdades absolutas, mas uma ciência em construção. Se meu pai estivesse na França, certamente poderia dar aulas nessa instituição.

---

3 UPDEGRAFF, Robert R. *Adams Óbvio*: como obter sucesso incomum na vida profissional. São Paulo: Faro Editorial, 2015. p. 15.

4 COLLÈGE de France. *Fund It*, [s.d.]. Disponível em: https://fundit.fr/fr/institutions/college-france. Acesso em: 5 mar. 2023.

**TER CERTEZA DO
QUE NÃO SE QUER
É UM BOM INÍCIO
PARA IDENTIFICAR
O QUE SE BUSCA.**

De fato, não creio que os princípios estejam ligados às escolas, mas à vivência, à capacidade que a pessoa tem de ouvir experiências alheias e colocá-las em prática; acredito que se aprenda muito mais ao sair da faculdade e atuar de fato. Um exemplo paralelo seria: dirige-se melhor depois de tirar carteira de habilitação e se aventurar no trânsito.

Meu antigo professor não tem ideia do quanto aquele dia foi disruptivo em minha vida. E agora é assim que espero que este livro aja em sua vida. Meu objetivo é que as páginas que você tem em mãos sejam um marco em sua vida, o iniciar de uma transformação, o acender de uma chama que não se apagará, a revolução a romper com as prisões e a retirada do peso que o mantém parado. Audacioso? Sim, mas, como disse um dos grandes nomes da Revolução Francesa, Georges Jacques Danton, ao ser questionado sobre o que era preciso para vencer os inimigos da República: "Audácia, ainda audácia, sempre audácia!".[5]

Assim entendi as repetidas falas de meu pai e compreendi seu sucesso profissional: ele se apegou aos princípios daqueles que o influenciaram e, assim, influenciou várias outras pessoas, principalmente este que vos escreve. Por isso ele falava tanto comigo, por isso até hoje ele faz questão de repetir. E, por essa razão, não hesito em afirmar que meu sucesso profissional vem do velho Antônio. Peço licença para dar um recado: pai, o senhor sempre foi minha grande referência, obrigado por se doar tanto a seus filhos.

O que entregarei neste manual é um verdadeiro compilado de princípios validados por empresários e influenciadores. E posso garantir que, se você os compreender e aplicar em sua vida, não tem como dar errado.

A partir de agora, disponibilizarei um conteúdo riquíssimo, acelerarei suas relações pessoais e, principalmente, apresentarei o método para ser influente e o caminho para fortalecer sua influência. Só é necessário, antes, dar uma dica de como ler este livro e potencializar seus resultados: a cada capítulo finalizado, já coloque os aprendizados e entendimentos

---

5   FILHO, José Paulo Cavalcanti. Audácia! *Diário de Pernambuco*, 9 dez. 2016. Disponível em: http://www.impresso.diariodepernambuco.com.br/noticia/cadernos/opiniao/2016/12/audacia.html. Acesso em: 20 jun. 2023.

em prática, pois só por meio da prática a informação que você recebe se transforma no conhecimento que conseguirá transmitir e aplicar todos os dias para alcançar o seu propósito. Aproveite os *insights* e esta citação que adoro, atribuída ao grande pensador Aristóteles: "A excelência é uma arte adquirida por treinamento e rotina. Não agimos corretamente por termos excelentes virtudes; somos virtuosos porque agimos corretamente. Nós somos o que fazemos reiteradas vezes. Excelência, então, não é um feito, mas um hábito".

[**VAMOS JUNTOS?**]

TUDO COMEÇA DO COMEÇO

Em julho de 2011, saindo de uma lanchonete de *fast-food* em Juiz de Fora, Minas Gerais, encontrei meu amigo comediante Gustavo Mendes, que conheci anos antes, no universo do teatro. Poucos dias depois, ele me ligou para conversar e me convidou para ser seu empresário. Lembro-me de ter dito que não tinha experiência em lidar com artista, que eu sabia fazer eventos, mas prometi pensar na proposta.

Desde o começo da carreira, Gustavo foi um comediante espetacular. Sabia, como ninguém, transformar uma piada em um texto mais longo extremamente engraçado e havia disputado concursos, sempre chegando às finais. Um talento inegável.

Naqueles dias, viajei com meu filho para Florianópolis e, num parque, vi alguém assistindo, pelo celular, a um vídeo do Gustavo imitando a Dilma Rousseff – na época, ministra da Economia. A pessoa ria muito. Então, me perguntei como o conteúdo desse garoto tinha chegado tão longe apenas por meios digitais.

Voltando para casa, contei a situação para meu pai e comentei que estava pensando em aceitar o desafio de assumir a carreira do Gustavo, mas não sabia nem por onde começar. Sempre com um provérbio engatilhado, meu velho me aconselhou: "Alec, tudo começa pelo começo". Faço aqui uma pequena digressão para dizer que o senhor Antônio é o único pai que eu conheço que coloca no filho um nome que não consegue pronunciar – ele é mineirinho, bem do interior, e sempre me chamou assim; talvez pelo fato de na infância todos me chamarem pelo diminutivo Lequinho. Enfim, voltemos.

"Começar pelo começo" pode parecer amplo e redundante, não? Pode parecer uma besteira qualquer; afinal, se não sabemos começar, paralisamos. Diante disso, minha resposta foi: "Pai, mas o que seria o começo?". E ele explicou: "O começo é sua vontade, é gostar do que faz, é ouvir o que seu coração diz e saber se realmente quer isso. Tudo começa na gente".

Pois é, o que parecia não significar nada revelou muito. E agora eu pergunto: qual é o seu começo?

> *Estou convencido de que a única coisa que me fez continuar FOI AMAR O QUE EU FAZIA. Você precisa encontrar o que ama. E isso vale para o trabalho e para os amores. Seu trabalho vai tomar grande parte da sua vida, e o único meio de ficar satisfeito é fazer o que você acredita ser um grande trabalho. E o único meio de realizar um grande trabalho é amando o que faz.*[6]

Muito se fala em propósito como aquilo que vai além de você, algo nobre, e conceitos filosóficos são criados para justificá-los. Talvez funcione bem para apresentar seus objetivos aos outros, mas não para encontrar motivação no dia a dia. Por mais nobre que seja, atingir outras pessoas é consequência de definir o caminho a trilhar, e não o motivo disso. O propósito tem início em você, é algo que arde em seu coração.

Pensando em influências e propósitos, independentemente de crença, é inegável o poder de transformação que a Bíblia exerce nos indivíduos, com conceitos que os levam a considerar a Escritura um grande manual de vida na Terra. O livro sagrado defende o ser humano como criação divina, feito à imagem e semelhança de Deus.

---

6 O discurso completo de Steve Jobs em Stanford pode ser encontrado em: STEVE Jobs Stanford Commencement Speech 2005. Vídeo (14min33s). Publicado pelo canal JoshuaG. Disponível em: https://www.youtube.com/watch?v=D1R-jKKp3NA. Acesso em: 5 mar. 2023.

COMEÇAR DO COMEÇO É ENCONTRAR-SE CONSIGO, POIS A VIDA TEM INÍCIO EM NÓS, COM AQUILO QUE ARDE EM NOSSO CORAÇÃO.

> *Então disse Deus: "Façamos o homem à nossa imagem, conforme a nossa semelhança. Domine ele sobre os peixes do mar, sobre as aves do céu, sobre os animais grandes de toda a terra e sobre todos os pequenos animais que se movem rente ao chão"* (**GÊNESIS 1:26**).

A Bíblia diz que Deus nos criou pensando em detalhes, como algo admirável e arquitetado. Então, se somos projetados pelo Senhor, é importante que Ele tenha ideias diferentes para cada um de nós. Como isso aparece? Na habilidade imanente.

> *Tu criaste o íntimo do meu ser e me teceste no ventre de minha mãe. Eu te louvo porque me fizeste de modo especial e admirável. Tuas obras são maravilhosas! Disso tenho plena certeza. Meus ossos não estavam escondidos de ti quando em secreto fui formado e entretecido como nas profundezas da terra. Os teus olhos viram o meu embrião; todos os dias determinados para mim foram escritos no teu livro antes de qualquer deles existir* (**SALMOS 139:13-16**).

No Instituto Estadual de Educação, onde cursei os Ensinos Fundamental e Médio, conheci Thiago Lupatini, amigo que ostentava incríveis habilidades esportivas. Comparando-me a ele, eu mentalizava: *Deus, tem como me passar um pouco do talento dele, pelo menos no handebol?* Sempre fui o último escolhido a fazer parte dos times e carreguei a dor dessa rejeição por bastante tempo – só consegui deixá-la de lado quando entendi que nascemos com habilidades diferentes, fazendo nossa parte em um grande projeto celestial. A minha habilidade era falar em público, e o teatro potencializou aquilo que eu já trazia em meu DNA.

Aliás, é a isso que se relaciona um dos grandes problemas que vejo nas pessoas que me procuram para gerenciar suas carreiras: muitas querem começar pelo começo dos outros; almejam a fama; focam o fim, não o começo. O primeiro passo para a influência não é nem o algoritmo nem o meio, tampouco os ensinamentos técnicos e motivacionais, mas estar alinhando consigo, com aquilo que domina seus pensamentos ao acordar e ao dormir. Vale frisar que influência é a capacidade de fazer o outro considerar sua opinião sobre certo assunto – o que ocorre apenas se for verdadeiro, além das palavras, transmitindo paixão.

Foi em 2014 que me reuni pela primeira vez com Whindersson Nunes. Logo que soubemos que um garoto do Piauí estava mobilizando público, entramos em contato com ele e o chamamos para uma reunião. Mandamos passagem, reservamos hospedagem, buscamos o rapaz no hotel e fomos almoçar. No entanto, o conhecido "bicho solto" (jeito carinhoso pelo qual fãs o chamavam) não tinha nada de solto; pelo contrário, parecia preso a um emaranhado de vergonha. Whindersson não desgrudou um minuto do celular, que escondia sua cara, e quase não respondeu às perguntas que fizemos.

Confesso que me bateu certo desespero ao pensar: *Como esse garoto está mobilizando tanto o público?* Ao mesmo tempo, isso me instigou a saber como tinha sido o início de tudo. "Fui fazendo e começou", escutei dele. Eu me lembrei do meu pai dizendo que o começo está em nós, na intensidade com que agimos, e soube que a resposta de Whindersson revelava muito mais do que aparentava.

"Sim, mas de onde veio essa ideia de fazer vídeos?", indaguei. Sem hesitar, ele contou: "De mim mesmo. Eu vi o povo fazendo e comecei a fazer do meu jeito, daquilo que eu vivia na escola, em casa". A pérola – de saber o talento que ele carregava –, porém, estava por vir. Não me esqueço de um dos meus sócios se dirigindo ao tímido youtuber e comentando suas músicas, afirmando que ele deveria compor outras de humor, pois existia essa lacuna no mercado nacional. Meu sócio tinha razão quanto ao contexto, pois de fato ela existia.

O celular, então, saiu do rosto de Whind, que afirmou: "Eu não quero fazer isso. Minhas músicas expressam sentimentos, não piadas. Minhas piadas estão nos vídeos". Ou seja, ele sabia muito bem o que estava fazendo e aonde queria chegar.

Senti ali que a mesma flecha que havia me acertado na aula de Direito (sobre a qual contei no começo deste livro) alcançou meu coração. Aquelas palavras do garoto do interior do Piauí, que não cursou Artes Cênicas nem fez outras preparações habituais de quem alcança o sucesso no meio artístico, confirmavam o que eu tinha aprendido como passo inicial para o sucesso: **as coisas começam em você**, naquilo que é feito de maneira autêntica, na sua paixão, tomando seus pensamentos ao dormir e ao acordar. Whindersson simplesmente aplicou o que grandes nomes já ensinaram: viva seu propósito.

O contexto é fundamental, mas não é o suficiente; trata-se de um segundo passo. Eu não dou início a um trabalho pela oportunidade que o mercado oferece. Eu começo por mim. E essa confusão é o que acaba tornando as pessoas frustradas ou infelizes, que até podem ser bem-sucedidas, mas não se consideram realizadas. Por isso, tanta gente surge nas redes sociais, viraliza um vídeo e depois some. Essa é a razão de tantos fazerem sucesso e não o sustentarem: são estimulados pelo contexto, não pelo que arde em seu coração. Pois é, "se você não sabe para onde ir, qualquer caminho serve".[7]

Quando não sabemos o que queremos, há propostas capazes de nos desviar de nosso propósito, do que é valioso, daquilo que realmente acarretará o sentimento de realização. Passamos, então, a nos mover pelo que nos oferecem, não mais pelo que arde em nós.

Antes que você jogue este livro para o alto e, diante de seu vazio interior, largue o que está fazendo para seguir seu coração, quero que entenda que as experiências servem de aprendizado. E é possível se planejar e seguir um caminho certeiro.

Isso tudo me faz pensar num grande personagem bíblico: Davi, que mostrou interesse em enfrentar Golias, o gigante que estava destruindo todo o exército de Israel. Ao se apresentar para tal batalha, o rei Saul duvidou da capacidade de Davi de vencer o gigante, mas este prontamente respondeu que matava leões e ursos que atacavam suas ovelhas. E, o

---

7 CARROLL, Lewis. *Alice no País das Maravilhas*. São Paulo: Clássicos Zahar, 2010.

mais importante, sabia que lutava por uma causa justa, que aquele era seu propósito.

Assim são suas experiências: leões e ursos que o capacitarão a viver a realeza. Não queira fugir dos processos, nem pegue atalhos.

> As palavras de Davi chegaram aos ouvidos de Saul, que o mandou chamar. Davi disse a Saul: "Ninguém deve ficar com o coração abatido por causa desse filisteu; teu servo irá e lutará com ele". Respondeu Saul: "Você não tem condições de lutar contra este filisteu; você é apenas um rapaz, e ele é um guerreiro desde a mocidade". Davi, entretanto, disse a Saul: "Teu servo toma conta das ovelhas de seu pai. Quando aparece um leão ou um urso e leva uma ovelha do rebanho, eu vou atrás dele, atinjo-o com golpes e livro a ovelha de sua boca. Quando se vira contra mim, eu o pego pela juba, atinjo-o com golpes até matá-lo. Teu servo é capaz de matar tanto um leão quanto um urso; esse filisteu incircunciso será como um deles, pois desafiou os exércitos do Deus vivo. O Senhor que me livrou das garras do leão e das garras do urso me livrará das mãos desse filisteu". Diante disso Saul disse a Davi: "Vá, e que o Senhor esteja com você"
> (1 SAMUEL 17:31-37).

Antes de ser empresário artístico, eu fui iluminador, sonoplasta, carregador, montador, ator, professor – e todos esses trabalhos foram meus leões e ursos. Sou grato por ter tido experiências que nenhum outro gestor de carreiras artísticas tem.

[**TODO PROPÓSITO TRAZ COM ELE UM PROCESSO.**]

Isso, inclusive, é o que leva você a entender que fazer o que não ama não necessariamente significa não viver seu propósito; pode, sim, ser um passo no desenvolvimento para tal. Falaremos de planejamento adiante.

Retomando, o começo está em nossa essência, nossa identidade. Quando nos analisamos, identificamos o que nos move, e esse processo é fundamental diante dos desafios da vida, seja no âmbito profissional, seja no âmbito pessoal. É o que vai torná-lo forte o suficiente para levantar quando algo não der certo. Sim, nem tudo vai sair sempre como o planejado – e que bom, pois os erros nos fazem entender melhor os métodos, e consertá-los nos faz evoluir, adquirir envergadura. Só tenha cuidado, pois os fracassos também podem desanimar quem não está alinhado com seu propósito: ou seja, seus negócios precisam começar por você.

"'Precisamos de grandes falhas se quisermos evoluções – falhas em escala de bilhões de dólares', disse [Jeff] Bezos, empresário que por um tempo foi a pessoa mais rica do mundo. 'Se não estivermos, não estamos inovando o suficiente.'"[8]

É o alinhamento ao propósito que o impede de desistir, que o permite ser constantemente criativo e estar pronto para desenvolver soluções e projetos disruptivos.

Um dos personagens bíblicos mais conhecidos é José, que, antes escravizado, tornou-se governante do Egito.

> *Respondeu o homem: "Eles já partiram daqui. Eu os ouvi dizer: 'Vamos para Dotã'". Assim José foi em busca dos seus irmãos e os encontrou perto de Dotã. Mas eles o viram de longe e, antes que chegasse, planejaram matá--lo. "Lá vem aquele sonhador!", diziam uns aos outros* (**Gênesis 37:17-19**).

---

8 FOGAÇA, André. Como o bilionário Jeff Bezos aprendeu com fracassos. *The Capital Advisor*, 12 out. 2021. Disponível em: https://comoinvestir.thecap.com.br/como-bilionario-jeff-bezos-aprende-com-fracassos. Acesso em: 2 mar. 2023.

NÃO SÃO OS FATORES EXTERNOS QUE DETERMINAM QUEM VOCÊ É, MAS QUEM VOCÊ É DETERMINA AS CONSEQUÊNCIAS DOS FATORES EM SUA VIDA.

> *Disse, pois, o faraó a José: "Uma vez que Deus lhe revelou todas essas coisas, não há ninguém tão criterioso e sábio como você. Você terá o comando de meu palácio, e todo o meu povo se sujeitará às suas ordens. Somente em relação ao trono serei maior que você"* (**GÊNESIS 41:39-40**).

Se José não soubesse quem ele era de fato, poderia ter desenvolvido complexo de inferioridade ao ser tachado de sonhador pelos irmãos; no palácio, poderia ter se tornado arrogante, pois o faraó o chamou de homem mais sábio de todo o Egito. José, porém, não deixou que as circunstâncias e as pessoas determinassem quem ele seria, pois ele já era. Quando sabemos quem somos, não permitimos que ninguém diga quem seremos ou devemos ser.

Imagino Walt Disney demitido de uma agência de publicidade por não ser considerado criativo, ou Michael Jordan expulso do time de basquete na faculdade – isso de fato aconteceu com os dois. Eles tinham tudo para desistir e procurar outras profissões, mas decidiram seguir, pois sabiam que nada desfaria o que já estava revelado no coração deles: a certeza da grandiosidade de seus projetos.

Quando tudo à sua volta disser "não" e o contexto mostrar que não vai funcionar, somente uma coisa poderá manter você forte e decidido: olhar sua essência, o que arde em seu interior. Encha-se do sentimento de que está no processo para cumprir seu propósito. É isso que o fará ter certeza de que nada impedirá sua vitória. Encare as dificuldades não como empecilho, mas como subsídio concedido para seu crescimento, analisando qual ensinamento poderá tirá-lo da situação vivenciada. Nunca é sobre o fato, mas sobre o que se aprende com ele. Viva a vida como eterno aprendiz.

Começar do começo é a ancoragem feita no que de fato importa, naquilo que é acessado em momentos de angústia, dúvidas, medos, incertezas, e quando os acontecimentos não ocorrerem conforme o programado. E posso afirmar: você não controla tudo o que acontece ao redor, mas domina sua reação perante o que se passa no entorno.

> *O que percebi foi que nosso cérebro funciona exatamente da mesma maneira. Nosso poder de maximizar nosso potencial se baseia em dois fatos importantes:*
> *1) o comprimento da nossa alavanca – quanto poder e potencial acreditamos ter;*
> *2) a posição do nosso ponto de apoio – a atitude com a qual geramos o poder de mudar.*[9]

Quando temos definido nosso propósito, deixamos de nos mover pelos acontecimentos, passando a seguir aquilo que nos potencializa e nos faz protagonistas da nossa história: o que julgamos ser sucesso e importante, não o que gurus determinam. Nós nos guiamos, então, pela certeza de nossa essência e internalizamos o que de fato nos conecta conosco, não com o que está sendo comercializado como tendência. O que está em nós, portanto, é a alavancagem. E o que definirá o tamanho das realizações são nossas ancoragens, cabendo a nós definir onde atracar o barco da vida e quais serão nossos pontos de apoio (os quais eu aconselho que sejam bem definidos).

Muitos empreendedores e influenciadores não obtêm sucesso, pois param antes de os resultados chegarem – e quem não vai adiante são aqueles cujas ações não estão alinhadas com o que arde no coração. Trata-se de caminhar na certeza de que vai dar certo, reconhecendo os pontos de apoio que não o deixarão desistir. Seja essência!

Ovídio, poeta romano, afirmou que os fins justificariam os meios; no entanto, na lógica de Deus – a qual levo para a vida –, o início justifica o fim. Quando o Criador nos chama, Ele só quer nossa disposição; em contrapartida, contamos com a certeza de que quem nos prometeu é fiel para cumprir.

O início é estar disposto. O meio é o processo que prepara quem se colocou à disposição. No fim, a vitória é certa para quem se dispôs a viver de acordo com as regras de quem prometeu.

---

9 ACHOR, Shawn. *O jeito Harvard de ser feliz*: o curso mais concorrido da melhor universidade do mundo. Trad. Cristina Yamagami. São Paulo: Benvirá, 2012.

> **QUANDO PERDEMOS NOSSA ESSÊNCIA, DEIXAMOS DE LADO NOSSA CONEXÃO COM O INÍCIO E COM O QUE NOS FORMOU. COMEÇAR DO COMEÇO É OLHAR PARA NÓS MESMOS E SABER O QUE NOS FAZ TRANSBORDAR. É ENTENDER NOSSO PROPÓSITO E O QUE NOS MOTIVA.**

Por todos os motivos registrados até aqui, iniciamos este manual com o alerta para que você se alinhe com seus sonhos, com seu começo, consigo mesmo – ação que não é sugerida em nenhum livro ou vídeo. Pode ser um momento entre você e Deus, em seu lugar secreto,[10] onde tira qualquer máscara, se despe de quem as pessoas querem que você seja para ser quem de fato deseja ser.

Ser você mesmo é libertador, algo surpreendentemente maravilhoso. E não se trata de dinheiro nem de quantidade de seguidores; não tem a ver com engajamento, mas com felicidade e realização pessoal, com influenciar pessoas por intermédio do que você acredita.

> *Não importa qual a sua missão, jamais a perca de vista. Esqueça os modelos prontos e apenas pergunte a si mesmo: Minha missão está melhorando o mundo? Estou certo disso? Jamais deixe de colocar sua convicção à prova. Se encontrar um argumento forte o suficiente, mude de direção.*[11]

Começar do começo é também não copiar as histórias contidas nestas páginas, mas entender o princípio de todas elas e aplicá-las em sua

---

10 Lugar secreto é o local onde conversamos com Deus. Cada um define seu lugar. O meu fica no meu quarto, no tapete, entre a cama e a televisão. Defina o seu.

11 10 FRASES de Jeff Bezos para mudar seu mindset. *Em Alta*, 4 ago. 2020. Disponível em: https://emalta.com.br/10-frases-de-jeff-bezos-para-mudar-seu-mindset/. Acesso em: 2 mar. 2023.

vida, pois você é um ser humano único, com ideias próprias e sentimentos inalienáveis. Você é valioso.

Daí minha defesa reiterada de que a influência começa em se autoinfluenciar. Se você começar estudando as plataformas digitais, os métodos de postagem e escrita, vai pular uma grande etapa: a de ouvir o que o motiva a ir para o meio.

Não pense que é fácil; mesmo conhecendo tal princípio, demorei anos para colocá-lo em prática. Muitas vezes, o sucesso nos leva a errar. E eu, como seu mentor durante esta leitura, quero lhe contar uma das partes mais tristes da minha história: fracassei muito e por bem pouco não destruí o projeto de Deus para mim. Como disse, os erros ensinam mais que os acertos, e até por isso me proponho a narrar fatos que servirão de alertas ao leitor.

Eu entendi o começo, mas não fundamentei meu propósito e caí em diversas propostas que me distanciaram da minha identidade.

> *Se permitir que o sucesso domine, você se verá aprisionado pela armadilha do seu sucesso e aterrorizado com a possibilidade do fracasso.*[12]

A frase anterior ilustra como me senti, tornando-me escravo de alguém que não era eu. O medo do fracasso me levava a não dormir e a querer sempre mais. Em 2022, eu me vi perdido, pois havia me transformado naquilo que jamais gostaria de ser e estava muito desmotivado. Vivia o meu melhor momento e, sob os holofotes, encontrava-me no auge do sucesso: a Non Stop já era considerada a maior agência de influenciadores da América Latina, com bom faturamento, e nossos talentos lotavam estádios e ginásios. Além disso, vendíamos muita publicidade, iniciando carreiras no cinema, e acabávamos de negociar parte da empresa que confirmava o *valuation* de mais de 200 milhões de reais.

---

12 MCMANUS, Erwin Raphael. *A última flecha*: não pare até ter terminado. Trad. Maria Lucia Godde Cortez. Brasília: Chara, 2018. p. 50.

Sem dúvidas, eu tinha infinitamente mais do que aquilo com que poderia almejar quando garoto.

Resumindo, eu era famoso no meio, tinha dinheiro, carrão, estava morando na casa com a qual tanto sonhara, mas não tinha a mim, porque havia pulado o começo e ferido um princípio. E, me encontrando nessa situação, me lembrei de uma conversa que tive com KondZilla, homem que criou o maior canal de música do Brasil e um dos maiores do mundo, falamos sobre ter cuidado com as coisas que pedimos a Deus, pois Ele nos dará (e a responsabilidade com o que faremos delas será nossa).

Por isso, acredito hoje que reconhecemos uma boa árvore pelos frutos, mas estes jamais serão mais importantes que a própria árvore. O dinheiro é fruto do trabalho, porém, se você foca a riqueza, se esquece da força que a gerou – no caso, você mesmo. Isso se aplica a todas as áreas da vida, então não cuide mais do fruto que da árvore, que lhe dará frutos a vida inteira.

Afirmo isso, pois foi o que acabei fazendo. Trabalhei intensamente e, por escolhas erradas, deixei de olhar para a minha saúde mental, física e espiritual. Cuidava dos negócios, porém pesava 148 quilos, relacionamento conjugal em crise, virei diabético e fiquei deprimido. Eu havia perdido a conexão com minha essência, e isso criou o caos em mim.

As inúmeras propostas aceitas me distanciaram de meu propósito e me tornaram *workaholic* – aquele que considera ruim e improdutivo o tempo sem trabalhar. Um dos meus mentores, Alinor Santos, diz algo forte que quero compartilhar com você: "Quem não sabe o que busca, quando encontra, não percebe". Eis a gênese do meu fracasso. Uma coisa não nego: o dinheiro não trouxe felicidade, mas me fez sofrer em Nova York.

Certa vez, buscando fugir de mim mesmo – e como forma de viajar sozinho – inventei de estudar na cidade que não dorme, para onde me mudei. E nós dois tínhamos algo em comum: eu também não dormia mais. No quarto do hotel, ao chegar, chorei muito e mandei mensagens para amigos e sócios. As primeiras semanas foram de realinhamento. Tudo começou a fazer sentido quando uma música chamada "Touch the Sky" adentrou o quarto e me jogou de joelhos no chão. Eu estava tendo um encontro com minha essência, um chamado para resgatar meus princípios genuínos, o começo que me motivou a estar disponível.

> Que destino jaz além das estrelas?
> Essas alturas deslumbrantes, vastas demais para escalar
> Cheguei tão longe para cair tão fundo
> Mas encontrei o Céu quando o amor passou
> Meu coração a bater
> Minha alma a respirar.
> Encontrei minha vida quando a deitei.
> Em queda ascendente
> O espírito a subir
> Eu toco o céu
> Quando meus joelhos encostam no chão.[13]

Se você se encontra nesse mesmo lugar em que eu já estive, sem ver sentido no que construiu nem no que está fazendo, olhe para si mesmo e se conecte com seu começo. No meu caso, preencho o vazio com a presença inesgotável de Jesus Cristo.

Regressei de Nova York sendo eu novamente. O Alex de 2011 estava novamente no controle das rédeas da própria história e, ao tomar todas as decisões necessárias para uma vida assertiva, voltava ao começo. Foi esse Alex que teve coragem de sair dos bastidores e escrever este livro; esse homem que, hoje, influencia diversas pessoas por meio de palestras, conferências e dos influenciadores que representa, incentivando os outros a viverem com prosperidade. E quero deixar claro aqui que prosperidade não tem a ver somente com finanças, mas a se sentir em paz e realizado.

Agora, quero encorajá-lo a ser influente com o que há de mais precioso em sua vida: você mesmo! A influência começa e permanece por

---

13 Livre tradução de: TOUCH the Sky. Interpretada por: Hillsong UNITEDTAYA. Composta por: Dylan Thomas/Michael Guy Chislett/Joel Timothy Houston. Produzida por: Michael Guy Chislett. Letra de Touch the Sky © Hillsong Music Publishing Australia, Hillsong Mp Melodies.

você, pelo alinhamento ao que o move, àquilo que o faz acordar e dormir. Pense, então, na vida como um grande equalizador de som: dependendo da música a tocar – o propósito –, é necessário baixar ou subir frequências – e você é o técnico de som que realiza esse serviço.

Foi gerenciando a carreira dos maiores influenciadores que constatei que apenas se mantêm grandes aqueles que são fiéis a seus princípios, que não os negociam e estão decididos a viver intensamente por seus propósitos.

> *Os artistas que realizavam pinturas e esculturas mais pelo prazer da própria atividade que por recompensas extrínsecas produziram arte que foi reconhecida socialmente como superior [...]. Aqueles que menos buscam recompensas extrínsecas são os que as acabam recebendo.*[14]

Esteja certo de que não será fácil influenciar alguém se não fizer algo que arda em seu coração, pois influência é resultado da somatória de diversos fatores que começam na sua essência. E isso ninguém pode definir em seu lugar. Somente você e Deus conseguem olhar para dentro, para onde olhos humanos não enxergam, e tomar a decisão de viver seu melhor, potencializando e focando as habilidades imanentes.

> *O que você faz vem de quem você é, mas quem você é precisa existir separado do que você faz. Se sua identidade estiver enfaixada no seu sucesso, você perderá quem você é quando o fracasso bater a sua porta.*[15]

Mas fique em paz, pois nunca é tarde para reajustar ações em prol de um realinhamento e gerar resultados. O problema não está no tempo perdido, porém no período em que você fica inerte depois da descoberta

---

14 CARNEY, Jean Kathryn. Intrinsic Motivation and Artistic Success. In: PINK, Daniel H. *Motivação 3.0*. Rio de Janeiro: Sextante, 2019.

15 MCMANUS, Erwin Raphael. Op. cit., p. 49.

NUNCA ESQUEÇA: INFLUENCIAR TEM A VER COM FAZER AS PESSOAS MUDAREM DE DIREÇÃO. E COMO VOCÊ LEVARÁ ALGUÉM A ISSO SE AINDA ESTÁ PERDIDO? PERGUNTO, ENTÃO: VOCÊ TEM VIVIDO SEU PROPÓSITO?

de determinado contratempo. Estas páginas são um convite para o leitor encontrar o caminho e deixar a música invadir seu ser, trazendo à tona sua essência.

A capacidade de influência começa quando se acredita nas próprias palavras, e isso não se resolve com este livro, mas com as atitudes que você vai tomar com base nele. Uma sugestão: pare um pouco e olhe para si. Vá para um lugar só seu, visite sua história, o que o move e o que o alegra. Não vá para seu quarto se julgar – eu já fiz muito isso, e esse erro não vale a pena. O passado sempre será lugar de referência, nunca de permanência.

> *Você pode eliminar a depressão de alguém sem tornar a pessoa feliz. Pode curar a ansiedade sem ensinar a pessoa a ser otimista. Pode fazer uma pessoa voltar a trabalhar sem, no entanto, melhorar seu desempenho profissional. Se você só luta para reduzir os aspectos negativos, apenas atingirá a média e deixará passar irremediavelmente a oportunidade de superá-la.*[16]

Comece a **planejar** seu futuro com **intenção**. E isso não significa que você mudará da noite para o dia, mas começará a caminhar sabendo aonde e **como vai chegar**, movido pela coisa mais importante da sua vida: **seu propósito**.

---

[16] ACHOR, Shawn. Op. cit.

AÇÃO 1
TUDO COMEÇA DO COMEÇO

Você é o começo, seus sonhos, desejos, dons e habilidades. Para saber o que está no seu coração, primeiro é preciso descobrir o que não está. Escreva, portanto, uma lista com 10 assuntos dos quais não gosta de falar.

DEZ TEMAS DOS QUAIS NÃO GOSTO E SOBRE OS QUAIS NÃO QUERO FALAR

_____
_____
_____
_____
_____
_____
_____
_____
_____
_____

Agora, escreva 10 assuntos dos quais você gosta de falar, pelos quais tem interesse e sobre os quais passa horas estudando. É importante não indicar tópicos que tenham similaridade com aquilo de que não gosta.

DEZ TEMAS DOS QUAIS GOSTO E SOBRE OS QUAIS TENHO INTERESSE EM FALAR

A lista a seguir tem o objetivo de ajudar você a escolher os assuntos sobre os quais tem familiaridade para falar. Por isso, elimine cinco itens elencados anteriormente e fique apenas com os seus cinco temas favoritos.

CINCO TEMAS COM OS QUAIS MAIS ME IDENTIFICO E SOBRE OS QUAIS QUERO FALAR

Agora, reflita sobre cada um desses cinco temas e questione-se:

Eu domino esses assuntos?

_____

_____

_____

Quando comecei a ter conhecimento sobre eles?

_____

_____

_____

São temas que fazem com que eu me destaque quando falo deles?

_____

_____

_____

Depois dessa reflexão, escreva os três tópicos que mais se destacam para você entre os cinco. Coloque-os em ordem crescente, começando por aquele que você se recorda de ter o primeiro a dominar, até mesmo desde a infância.

1. _____

2. _____

3. _____

PRINCÍPIO 2

NEGÓCIO BOM COM GENTE RUIM VAI SER RUIM, NEGÓCIO RUIM COM GENTE BOA VAI SER BOM

Em 2014, eu era empresário de Gustavo Mendes, que estava fazendo um baita sucesso: aparecia na TV, tinha diversos vídeos viralizados nas redes sociais e ostentava uma agenda de shows lotada. Mesmo assim, eu nutria o desejo de montar um empreendimento artístico rentável e com diversos talentos. Foi quando comecei, com meus sócios, a selecionar pessoas com potencial e investir na carreira delas.

Nessa época, um amigo me apresentou alguém que queria entrar no segmento de agenciamento artístico. Sempre acreditei que gente disposta soma em negócios – e a melhor soma é a divisão, pois juntos podemos ir muito além; **o dinheiro é consequência**. Com esse argumento, convenci meus outros dois sócios a aceitarem esse reforço na equipe.

Alguns meses depois, porém, essa mesma pessoa entrou em contato comigo e disse que queria seguir sem mim, alegando que eu era extremamente impulsivo, além de citar outras questões que mais pareciam desculpas que um real motivo para se desassociar. Saí mal daquele encontro e mandei mensagem para os sócios, mas não obtive resposta imediata. Havia algo estranho no ar, pois eles nunca demoravam para responder. No dia seguinte, me deram a notícia de que todos os sócios tinham decidido seguir com essa pessoa que eu havia levado para o negócio. Senti-me injustiçado, lesado e alvo de uma armação, mas a situação estava dada: havia sido expulso de um negócio criado por mim, então eu teria como foco a carreira de Gustavo Mendes.

Foram dias intensos e dolorosos, e eu, como bom filho, fui chorar em cama quente: no caso, a do senhor Antônio e da dona Dudu. Enquanto tomávamos café, meu pai me disse algo que sigo levando para a vida: "Alec, negócio bom com gente ruim vai ser ruim, e negócio ruim com gente boa vai ser bom". Essas palavras me fizeram crescer; o que parecera ruim serviu de ensinamento, provando que os erros têm muito a ensinar, desde que estejamos atentos aos ensinamentos propiciados.

Empenhe-se em ser o melhor profissional, mas seja melhor ainda em compreender as dores de quem você pretende auxiliar.

Foi com isso em mente que me dei conta de que, quanto mais pessoas boas tivesse ao lado, mais eu cresceria, desde que valorizasse cada uma delas e lhes desse a oportunidade de crescer tanto quanto eu. É como a trava que segura o eletricista no poste: para que seu trabalho no alto esteja seguro, ele precisa de gente competente impedindo sua queda. Eu sempre fui especialista em atrair gente para juntar propósitos e formar um grupo infinitamente maior do que se estivéssemos sozinhos.

Pessoas têm pensamentos que divergem, olhares e culturas diferentes, mas isso não quer dizer que uma está certa, e a outra, errada. Quando se trabalha em conjunto, pode haver conflitos – algo inerente ao ser humano –, os quais não devemos evitar. Ao contrário, é necessário aprender a lidar com eles, sem os transformar em embates que destroem projetos. O sábio Salomão bem falou sobre a sabedoria que há em conversar:

> *A sabedoria é melhor do que as armas de guerra, mas um*
> *só pecador destrói muita coisa boa* (**ECLESIASTES 9:18**).

Conflitos, portanto, são cruciais para o crescimento e acabam revelando quem está a seu lado, porém evite brigas decorrentes deles e aprenda a sanar diferenças. A lição que tiramos disso é: tenha sócios que compactuem com seu propósito. Eu poderia ter criado repulsa a qualquer sociedade e passado a desconfiar de todo mundo, mas decidi ter foco no que importa: as pessoas.

TODO E QUALQUER NEGÓCIO SEMPRE SERÁ SOBRE PESSOAS, NÃO SOBRE O NEGÓCIO EM SI; TODA SOLUÇÃO VISA ATENDER PESSOAS, E ENTENDÊ-LAS É FUNDAMENTAL.

Não dá para evitar que indivíduos ruins se aproximem, mas é possível impedir que eles permaneçam. Eu aprendi a ser analista e não receio sair de negócios quando percebo que a equipe não está alinhada. Não tenho medo de perder oportunidades, mas, sim, de perder de vista meu propósito.

Esse princípio é fundamental no mundo dos negócios, ainda mais quando o assunto é *influenciar* – neste caso, sempre trataremos de pessoas, não de plataforma A ou B. Muito mais que a ideia, o importante é quem está por trás dela.

Durante a pandemia, houve uma busca desenfreada por cursos que explicassem como construir uma rede social forte, que ensinassem a efetuar vendas on-line ou que revelassem truques para ganhar engajamento. Fomos atingidos pelo efeito manada e nos tornamos especialistas em algoritmos e design, porém nos esquecemos de que tudo isso acontece por causa de pessoas. Não há como dominar os negócios – on-line ou off-line – sem entender o comportamento humano. Como meu pai disse, não se pode fazer um negócio funcionar sem contar com gente boa ao lado.

Não tem como influenciar sem ser verdadeiro, criando esquemas, sem exercer empatia e sem compreender a dor de quem se encontra do outro lado da tela. Não se trata de tirar vantagem da audiência ou do interlocutor, mas de gerar valores verdadeiros para eles.

O ano de 2020 marcou essa busca desenfreada por números digitais. Muitos estiveram à caça de seguidores para conseguir validação de status social, fazendo muita gente pagar por robôs que não se conectam a nada e são apenas números. Jamais perca de vista que pessoas se conectam com pessoas e robôs se conectam com robôs; ou seja, sua influência sempre será sobre pessoas. E essa conexão, portanto, deve ser consequência de uma relação verdadeira. Não estou negligenciando as estratégias e o entendimento dos algoritmos, que obviamente são importantes, mas devo lembrar o leitor que eles não potencializam o que é mecânico ou interesseiro. Pode até ser que movimentem as coisas no início, mas isso não se manterá, pois no fim o que fica é a conexão humana.

Pense no que acontece a sua volta. Existe quem goste de estar na água e andar de lancha, por exemplo. Outros apreciam a montanha e se reúnem na serra, ao redor de uma fogueira. Há aqueles que preferem as cidades. Não existe certo ou errado, mas interesses distintos e indivíduos que se juntem em prol de algo em comum. As redes sociais e as conexões feitas por ali refletem o que acontece na realidade, sendo também uma forma de reunião – de pessoas, não de algoritmos.

> **PARA EXERCER INFLUÊNCIA, É PRECISO GOSTAR DE PESSOAS. BASTA OLHAR QUEM NOS INFLUENCIA DE FORMA EFETIVA E POR MUITO TEMPO – É GENTE QUE AMA PESSOAS, QUE SABE DA IMPORTÂNCIA DE OUVIR E ENTENDER O QUE CADA UM BUSCA, TORNANDO-SE ESPECIALISTA EM ENTENDER COMO E ONDE SEUS INTERLOCUTORES GOSTAM DE OUVIR SUA MENSAGEM.**

A Non Stop cuida de um grande *coach* brasileiro, o Tiago Brunet, que tem uma capacidade única de se comunicar, aconselhar e fazer quem o escuta se analisar sem julgamentos. Estávamos em Atlanta, nos Estados Unidos, para falar em uma conferência, quando ele me disse que as pessoas gostam de se sentir acolhidas – e Tiago sente o peso dessa responsabilidade. Na mesma hora, perguntei como ele tinha descoberto isso. A resposta: os onze anos anteriores ao sucesso serviram para entender como se conectar com as pessoas em cada situação e não renunciar à oração para que Jesus continuasse cuidando de seus passos. Sempre me senti muito impactado pela sabedoria do mentor, mas como fruto de anos do exercício diário de seu propósito, não perdendo o princípio que o fez chegar aonde está: a fé.

O propósito nos leva a compreender quem queremos impactar com nossa mensagem ou nosso produto, fazendo-nos permanecer firmes, focados e a entender que não impactaremos muita gente diretamente,

EMPENHE-SE EM SER O MELHOR PROFISSIONAL, MAS SEJA MELHOR AINDA EM COMPREENDER AS DORES DE QUEM VOCÊ PRETENDE AUXILIAR.

mas por intermédio de outros. No caso que citei agora, era necessário movimentar o mundo espiritual para que as coisas fluíssem no mundo natural. Eu não sei no que cada leitor acredita, mas sei que será necessária uma constante atualização sobre o ser humano que você quer atingir.

Quando olhamos para Whindersson Nunes, percebemos uma paixão absurda dele pelo público, a ponto de o rapaz sair em turnê pelo mundo. Talvez você diga: "É o trabalho dele, pelo qual está sendo muito bem pago". Sim, tem razão, mas ele não recebia para tirar fotos depois dos shows, algo que demorava mais até que o próprio evento. Foram muitas as vezes que saímos do local seis horas depois do fim do espetáculo por causa dessa atenção dada aos fãs, por seu carinho com o público. Ele instigava as pessoas a verem sua verdade, e elas postavam fotos com Whind, gerando uma movimentação enorme em todas as suas redes.

O que esses dois expoentes em suas áreas, Brunet e Whindersson, têm em comum? Os dois fazem o que arde no coração e agem com extrema sabedoria, buscando entender com quem estão falando e sendo sempre uma fonte de valor para o interlocutor. Transpondo esse exemplo para o mundo dos negócios, a relação também não se encerra na venda do produto; deve-se garantir que o uso do produto seja encantador a ponto de algum agradecimento ser feito publicamente.

Eu vi artistas subirem e descerem, atingirem o sucesso e caírem, mas jamais presenciei alguém verdadeiro se desconectar de seu público fiel, pois a conexão é o combustível que mantém a máquina funcionando. E essa conexão só acontece quando há verdade.

> *Não menos estranho seria fazer do homem feliz um solitário, pois ninguém escolheria a posse do mundo inteiro sob a condição de viver só, já que o homem é um ser político e está em sua natureza o viver em sociedade. Por isso, mesmo o homem bom viverá em companhia de outros, visto possuir ele as coisas que são boas por natureza.*[17]

---

17 ARISTÓTELES. *Política*. São Paulo: Martin Claret, 2018.

É a necessidade de nos reunirmos que nos faz querer ouvir o outro e desejar seu crescimento. No entanto, só conseguimos nos conectar quando conhecemos o interlocutor. E, para conhecê-lo de fato, precisamos exercer a empatia, que vai bem além de nos colocar no lugar dele. É necessário sentir o que ele sente, e saber que os contextos são diferentes, que existem conhecimentos distintos, variadas histórias e pessoas que não entendem o que é óbvio para nós. Tal conexão só é viável quando rompemos a tela do celular que nos conecta, fazendo com que a pessoa se sinta, de fato, parte de nossa história.

Outro grande exemplo de conexão com o público é a cantora Simone Mendes, que se aproxima dos fãs em tudo o que faz. Lembro-me da participação da artista no programa *Altas Horas*, da Globo, que tinha um quadro com a sexóloga Laura Müller, em que a especialista tirava dúvidas da plateia sobre questões sexuais e no qual os participantes, para não se expor, acabavam sempre alegando que a dúvida é de algum familiar. Simone não titubeou e lançou a seguinte questão: "Como fazer sexo anal sem sentir dor?". Essa pergunta pode passar pela cabeça de 99% de quem é seu fã, mas ninguém teria coragem de pronunciá-la; Simone, porém, se tornou uma representante de seu público.

Meses depois, tive o prazer de conhecer Simone quando o marido dela, Kaká Diniz, me convidou para tomar um café com eles. Cheguei e a vi varrendo a casa, com uma roupa simples e gritando: "Leeeda, traz o balde". Confesso que minha cabeça foi ao programa *Altas Horas* – aquela mulher era uma típica brasileira que não havia perdido suas origens, sendo realmente aquilo que a faz entendedora de sua audiência. Fiquei ainda mais fã dela. Meses depois, Kaká se tornou meu sócio na Non Stop.

A influência começa em nós, mas permanece quando entendemos o outro, estabelecendo com ele um vínculo de confiança e credibilidade. Para isso, é necessário sermos humanos, encarando desafios, dores, medos, angústias, erros. É a decisão de ser um eterno aprendiz que nos capacita para que nos tornemos referência em algo.

Muita gente diz que tempo é o que há de mais importante na vida, mas eu discordo disso. Quantos passam o dia com o celular em mãos, em uma rede social, mas não assistem a nada nem prestam atenção a nenhum conteúdo? E o que dizer das pessoas que estão ao lado dos filhos por horas, mas não entendem do que eles falam? Com esses questionamentos, quero demonstrar que tempo é como uma pepita de ouro, algo bruto que, ao ser lapidado, ganha um valor enorme: ou seja, a atenção, aquilo que tem valor agregado.

Ler este livro é ter tempo; vê-lo colocando as ideias em prática, no entanto, é ter atenção plena, gerando valor em sua vida – e é o que faz com que *Manual da influência* seja muito ou pouco vendido. Quando chamo sua atenção para este conteúdo, pode ser que você poste trechos dele nas redes sociais e indique estas páginas para seus seguidores – gerando viralização. Tudo isso só acontece por uma conexão verdadeira e que transmite valor. Não se esqueça: a influência é a moeda mais valiosa do mundo; é como Bitcoin, cujo valor está no *token*, mas, para minerá-lo, o custo de energia, processador, estratégias é alto.

Com as técnicas algorítmicas, você pode até ter o tempo dos outros, mas não vai conseguir a atenção deles e, como consequência, não ganhará influência; antes, é preciso ouvir, fazer e ver o que funciona para gerar prova social.[18] E o passo que antecede o ouvir é a conexão verdadeira, é se desnudar e não vender algo que você não é; portanto, alinhe-se a seu propósito e ao que arde em seu coração. Isso o aproximará daqueles que sentem o mesmo.

Pessoas são e sempre serão o fator mais importante em qualquer relação. E o ser humano erra, aprende, acerta, se desculpa, cresce, amadurece e evolui. Ninguém é perfeito. Eu já errei muito e certamente vou errar bastante ainda, mas jamais fingirei ser alguém que não sou.

Não estou dizendo que você não deve entender cada dia mais sobre seu negócio ou cada rede social que potencializa a influência. Meu desejo sincero é que o leitor compreenda que, em tudo o que

---

18 Prova social, de maneira simples, é o depoimento público do cliente que utilizou seu produto ou serviço. Por exemplo, ao escolher um hotel, você não olha somente o número de estrelas ou as fotos exuberantes da publicidade, mas também, e principalmente, a opinião das pessoas que se hospedaram nele e o avaliaram. A prova social são os comentários e avaliações dos seus clientes.

fizer na vida, sempre deve ter como foco as pessoas; por mais tecnológico que seja seu negócio, elas são o início, e os negócios e as redes, os meios para alcançá-las.

Se aprendemos no amor ou na dor, foi nesta última que tirei a seguinte lição: devemos sempre revelar quem somos, com qualidades e defeitos. Fui expulso da empresa que idealizei e, então, aprendi a expor meus defeitos de início, para que o outro não espere perfeição de mim. Aquele sócio tinha razão ao dizer que eu era impulsivo, pois muitas vezes me estressava com coisas pequenas, era imaturo e precisava evoluir. Embora não justifique minha retirada da empresa, busquei ver o melhor nisso e aproveitei esse grande ensinamento.

Se ele tivesse conversado comigo, eu poderia melhorar, e talvez meu defeito revelasse a qualidade de não esconder nada e sempre falar o que penso. Fato é que eu tinha de aprender a equilibrar essa característica – ainda preciso; trata-se de uma constante construção. De todo modo, a situação trouxe grandes lições para mim, das quais a maior é que o fracasso pode levar a novas ideias (e entre elas, às vezes, estão nossos grandes projetos). Foi depois dessa rejeição que tive o *insight* para investir em influenciadores digitais, fundando a Non Stop, que em 2017 se tornou uma das líderes globais no agenciamento destes.

E na Non Stop vivi uma situação marcante. Em 2016, Luccas Neto começou a trabalhar comigo como meu assistente de venda e entrega de publicidade, e quando tivemos que demiti-lo houve uma reviravolta na vida dele. Até hoje guardo a mensagem em que ele me agradece a oportunidade de termos trabalhado juntos, dizendo que se entregaria ao canal dele – o qual, há alguns anos, se tornou o maior do segmento. Pois é, agora os resultados se veem em qualquer lugar: não existe, por exemplo, um shopping sem produto dele sendo exposto e vendido.

Alguns acontecimentos são inevitáveis e não controláveis por nós. A questão é saber reagir a eles da melhor forma. É preciso decidir entre ser um causador ou um solucionador de problemas; sua capacidade de influência está ligada a como você será conhecido.

A influência existe independentemente das redes sociais. Quer um exemplo dela no cotidiano? Se um amigo lhe disser que foi ao Tocantins,

A QUESTÃO NÃO ESTÁ NO QUE ACONTECE EM SUA VIDA, MAS EM COMO VOCÊ REAGE AOS ACONTECIMENTOS.

conheceu Serras Gerais, fez a viagem mais incrível da vida, viu uma natureza exuberante e você chegar em casa pesquisando o local, significa que foi influenciado por ele. (Aproveito para indicar: conheça o Tocantins, pois é maravilhoso.)

Quantas vezes você não foi a determinado restaurante por causa da opinião de um colega? Já comprou uma roupa porque uma amiga foi junto ao provador e comentou que ficou ótima? E o que dizer de quando marcou consulta com um médico por indicação?

Na época em que Helena, minha filha mais nova, estava para nascer, minha ex-esposa me disse que precisava comprar a cadeirinha do carro e o carrinho. Eu deveria, então, ligar para o Itágores e perguntar qual seria a melhor marca. Aí pensei: *Quem é esse especialista em cadeirinhas?* Pedi a ela o telefone do rapaz e ela logo me disse que se tratava do doutor Itágores, que fora padrinho de casamento dela, e não de um especialista. Segundo ela, não existia alguém mais cuidadoso com a segurança dos filhos do que ele.

O leitor percebeu a influência nessa situação cotidiana? Com certeza, doutor Itágores, nas conversas, contou sobre pesquisas acerca do tema; com isso, transformou-se em referência para minha ex-mulher e me fez adquirir a marca escolhida por ele. Pois é, somos influenciados todos os dias, desde sempre.

Certa vez, recebi uma ligação do Maurício Manfrini, conhecido por interpretar o Paulinho Gogó, além de ser uma pessoa maravilhosa e torcedor do grande Flamengo. Naquela ocasião, ele queria minha opinião sobre onde realizar investimentos, e eu respondi que havia deixado os meus nas mãos de uma gestora profissional, passando o contato. Perceba que, embora eu não seja especialista, por ser empreendedor e alguém que vem crescendo, me tornei uma pessoa confiável para ele.

Minutos depois, recebi a ligação da minha gestora agradecendo a indicação, dizendo que havia agendado com ele; logo, eu pedi mega-atenção. Meses depois, o Manfrini me ligou dizendo que estava superfeliz com o atendimento. O que quero te mostrar com isso é que a minha influência aumentou com ambos, pois eu resolvi as dores dos dois, ou seja, a influência acontece no mundo real, como uma conta cujo *score* de confiabilidade aumenta com o uso e a experiência que proporciona ao outro.

A questão é que hoje, com o alcance do mundo digital, principalmente em virtude das redes sociais, a escala é outra. Ao mesmo tempo, sempre será sobre pessoas e experiências; sobre aquilo que você fala numa conversa entre amigos.

Um estudo divulgado pela Hootsuite revelou que empresas cujos líderes publicam em redes sociais são percebidas de forma 23% mais positiva e que três quartos dos entrevistados confiaram mais em uma organização cujo porta-voz faz uso dessas redes.[19] Isso reflete o que já foi dito e repetido aqui: deve-se humanizar a relação virtual.

Foi nessa toada que o Magazine Luiza criou a Lu, avatar que tem um canal nas redes sociais e ensina os clientes a utilizar os produtos vendidos no *marketplace*. Apesar de ser uma personagem virtual, a empresa tem o intuito de atribuir sentimentos a ela. Quer um exemplo? A Lu pode ser encontrada no Tinder, aplicativo de relacionamentos em que os admiradores a buscavam não para encontros, mas para conseguir descontos.[20] O que a marca fez foi chamar a atenção para algo comum ao público: a procura por relacionamentos.

Quando meu pai afirmou que negócios estão conectados a pessoas, ele me ensinou muito, mostrando que é preciso andar com gente grande para ser grande, mas tratando a todos com respeito. Ao analisar influenciadores digitais importantes, percebe-se que quem cresce e permanece no topo entende de ser humano e sabe que do outro lado existem pessoas. A especialidade desses indivíduos, portanto, não são os algoritmos.

---

19 A pesquisa pode ser encontrada no endereço indicado a seguir: FOX, Isaac Nikolai. Social-led brands are the future – here's why. *Hootsuite*, 12 jul. 2022. Disponível em: https://blog.hootsuite.com/social-led-brands-are-the-future/. Acesso em: 4 ago. 2023.

20 MOURA, Fabiola; SAMBO, Paula. Magazine Luiza usa Tinder para ampliar vendas e tem alta de 200%. *UOL*, 14 ago. 2017. Disponível em: https://economia.uol.com.br/noticias/bloomberg/2017/08/14/magazine-luiza-usa-tinder-pra-ampliar-vendas-e-tem-alta-de-2000.htm. Acesso em: 5 mar. 2023.

E a grande sacada para entender o método de influência aqui oferecido é pensar no seguinte: em qual área você influencia aqueles que estão a sua volta? Em que você é referência? A influência começa em você e passa pelas pessoas que entenderam que você realmente sabe do que está falando e é verdadeiro.

AÇÃO 2
NEGÓCIO BOM COM GENTE RUIM VAI SER RUIM, NEGÓCIO RUIM COM GENTE BOA VAI SER BOM

A primeira ação foi descobrir o que você quer; a segunda é saber o que querem de você.

Escolha 10 pessoas da sua rede de contato – 5 mais próximas e 5 não tão próximas – e escreva o nome delas no quadro a seguir. É importante ter o contato delas, pois será necessário lhes enviar uma mensagem.

PESSOAS PRÓXIMAS	PESSOAS NÃO TÃO PRÓXIMAS

Agora, entre em contato com cada uma dessas pessoas explicando que está fazendo uma pesquisa de autoconhecimento e que a opinião delas é de extrema importância. Solicite, então, que escrevam três características que definem quem você é, seja como pessoa, seja como profissional. Não especifique demais para não bloquear a visão ou o processo criativo de cada uma delas.

Exemplo de mensagem:

*Olá, [**nome da pessoa**], estou fazendo uma breve pesquisa com alguns amigos e colegas e preciso da sua opinião. De maneira simples e direta, quais são as três principais características ou palavras que vêm a sua mente quando pensa a meu respeito? Desde já agradeço, pois a sua contribuição é muito importante.*

Agora preencha o quadro a seguir com as palavras que as pessoas com as quais você entrou em contato na atividade anterior usaram para descrevê-lo.

PESSOAS PRÓXIMAS	
NOME DA PESSOA	PALAVRAS/CARACTERÍSTICAS RESPONDIDAS

PESSOAS NÃO TÃO PRÓXIMAS	
NOME DA PESSOA	**PALAVRAS/CARACTERÍSTICAS RESPONDIDAS**

Agora, observe as palavras do quadro anterior. Existe alguma conexão entre quem você *é* com *como* as pessoas o veem? Reflita brevemente sobre isso e escreva sua conclusão nas linhas a seguir.

_____
_____
_____
_____

PRINCÍPIO 3

MENTIRA TEM PERNA CURTA

Meu pai nunca usou agressão como forma de educar os filhos; ele ficava bravo, óbvio, mas jamais nos bateu, sendo objetivo e direto no recado. Minha mãe, sim, me deu muitas palmadas. Certa vez, quando eu tinha 10 anos, ganhei uma bicicleta e, como todo garoto, quis aproveitar o presente e esquecer as responsabilidades da vida. Depois de inúmeras negativas de dona Dudu em me autorizar a sair pedalando, decidi burlar a regra: passei a deixar a bicicleta na casa de um amigo e falar que ia estudar com ele. Ao chegar à casa do Juninho, eu pegava meu camelinho (nome carinhoso dado à bicicleta) e saía pelas ruas do bairro.

Que orgulho senti de mim mesmo: dei um jeito de andar de bicicleta todos os dias. Pensava estar tudo sob controle: jamais passaria na frente de casa, então não haveria chance de minha mãe me ver pedalando. Eu só não contava que o Mauro, da padaria da esquina, comentasse com ela que eu tinha ido *de bicicleta* buscar coisas para o lanche da tarde na casa do meu amigo.

Aquilo foi o suficiente para meu mundo cair. Pior, quem estava sentado na varanda da frente me esperando não era minha mãe, mas meu pai, que me encarava com um olhar nada amigável. Para um menino travesso, basta um olhar para saber que a situação é complicada. Senhor Antônio logo perguntou: "Alec, onde cê tava?". "Na casa do Juninho", retruquei, sem medo, pois era verdade. "Estava estudando?" Meu olhar logo entregou minha culpa; afinal, estudar era a única coisa que eu não tinha feito naquelas tardes. Ainda assim, impulsivo, decidi desafiar o que meus olhos já confessavam: "Sim". "Não saiu de bicicleta?", ele insistiu. "Não", eu me mantive firme na mentira. Meu pai apenas disse: "Alec, vai buscar a bicicleta na casa do Juninho". Sem titubear, eu lhe obedeci.

Ao retornar para casa com a bicicleta, senhor Antônio a quebrou e foi logo explicando: "Eu não aceito que minta pra mim. Se a bicicleta o faz faltar com a verdade, você não vai mais ter uma". Eu chorei compulsivamente – por perder meu presente e pelo fato de meu pai ter machucado as mãos. Essa cena me marcou demais.

Passado aquele momento de tensão, senhor Antônio entrou em meu quarto e falou algo que se tornou um mantra para mim: "Alec, toda mentira tem perna curta. Não se pode definir o momento em que ela vai cair, mas é certo que a verdade aparecerá. A mentira resolveu seu problema pequeno e o meteu em outro bem maior".

Desde então, tenho horror a mentiras e sinto muita dificuldade em lidar com pessoas que não são o que mostram ser. E vou além: ser sincero é um dos grandes fundamentos para quem quer crescer nos negócios, construir relacionamento e gerar influência.

> **É ESSENCIAL SER VOCÊ MESMO. SE ESCORAR EM MENTIRAS É COMO CONSTRUIR SEU CASTELO NA AREIA: O VENTO E A MARÉ O DESTRUIRÃO EM ALGUM MOMENTO.**

É claro que não ser verdadeiro é consequência da falta de identidade (tema abordado anteriormente), mas digo que se trata de algo ainda mais complexo. Diante da ausência de propósito, criamos discursos para potencializar negócios e pessoas que se adéquam ao contexto, mas não são reais em essência. Seria o mesmo que uma empresa de delivery divulgar que toda entrega é realizada em até uma hora, mas 35% dos produtos demorarem mais que o prometido para chegar ao destino. A promessa pode acalmar o consumidor no ato da compra, mas o enfurece ao longo da realização do serviço.

Desenvolver carreiras e negócios em bases irreais é um caminho para o fracasso, ainda mais hoje, quando se busca combater as mentiras disseminadas diariamente nas redes. A pandemia de covid-19 ajudou a evidenciar essas questões. Houve, por exemplo, o caso da influenciadora Gabriela Pugliesi, que defendia a permanência das pessoas em casa para que não houvesse propagação do vírus, mas não seguia as próprias recomendações: na mesma época, deu uma festa com muitos convidados. O resultado foi que, quando imagens do evento começaram a circular, a influenciadora foi cancelada. Cada vez mais queremos pessoas e marcas reais, que mostrem suas verdades; que não se tornem conhecidas por anúncios publicitários, mas sejam relevantes na sociedade por suas ações.

Não vou levantar uma bandeira do que é correto ou não, mas explico que o cerne da falsidade é não viver verdadeiramente o que se defende. Ao contrário do que acontecia anos atrás, com veículos de comunicação centralizando o que se veiculava, hoje todos fazemos esse papel, com celulares que produzem conteúdos para diversas redes sociais.

Isso tem a ver com o que mais me impressionou na trajetória de Whindersson Nunes, que, de início, fazia tudo sozinho. Ele era o próprio canal: escolhia o tema, roteirizava, gravava, editava e veiculava o conteúdo no YouTube, usando as demais redes para captar audiência. E tudo isso num quarto em Bom Jesus, Piauí, tendo que andar alguns quilômetros para postar o vídeo, uma vez que não tinha internet em casa.

Citando um caso de outra natureza e consequência, também foi essa nova realidade de divulgação de conteúdo que desestabilizou a atriz Regina Duarte. Ícone da teledramaturgia brasileira, ela foi protagonista de diversas novelas da principal emissora do país. Em 2020, com o Brasil dividido por questões políticas, Regina Duarte aceitou o cargo de secretária da Cultura do governo Bolsonaro. Durante uma entrevista à CNN, confrontada por jornalistas, viu-se fora da zona de conforto e atacou os profissionais. Sem poder pedir intervalo na gravação, apresentou uma face a que o público jamais tinha tido acesso: mostrou-se muito arrogante. E viralizou na internet.

Eu até acredito que ela poderia não estar no melhor dos dias, mas a questão é não assumir para o público que esses dias existem, que a grama do nosso jardim tem ataque de pragas e a mantemos verde não apenas com água, porém atuando na contenção dos males. O problema é se apresentar perfeito diante da audiência veiculando mentiras com pequenos lastros de verdade. A questão não é sobre errar, mas, principalmente, sobre não assumir o erro e permanecer nele.

Lembremos, ainda, o caso da influenciadora Rawvana, que levantava a bandeira do veganismo nas redes, tornando-se profissional desse nicho e atraindo muitos seguidores até ser pega pelo celular de uma amiga com um peixe no prato. Eu acredito que as pessoas continuem confiando em seu estilo de vida saudável, mas elas se sentiram traídas pela forma como a mentira veio à tona. O problema não é o fato em si; é fazer desse fato uma meia verdade e não ser autêntico. E, no fundo, não há meia verdade, só existe mentira ou verdade.

> *Tanto quem mente quanto quem fala a verdade atuam em campos opostos do mesmo jogo, por assim dizer. Cada um reage aos fatos como os entende, embora a reação de um seja guiada pela autoridade da verdade, enquanto a reação do outro desafia essa autoridade e se recusa a satisfazer suas exigências. O falador de merda as ignora como um todo. Ele não rejeita a autoridade da verdade, como faz o mentiroso, e opõe-se a ela; simplesmente, não lhe dá a menor atenção. Em virtude disso, falar merda é um inimigo muito pior da verdade do que mentir.*[21]

O prejuízo acarretado pela falta de autenticidade é enorme. Há oportunistas digitais que por um tempo se dão bem, sabem ler as redes, reconhecem os vácuos existentes e se tornam referências, mas são incapazes de suportar os danos gerados aos seguidores. É preciso tomar

---

21 FRANKFURT, Harry G. *Sobre falar merda*. Rio de Janeiro: Intrínseca, 2005.

cuidado com essas pessoas e não se deixar levar pelas aparências. Como abordado no capítulo anterior, o foco deve ser solucionar problemas de pessoas – as que se conectam com pessoas reais, com as próprias lutas e fraquezas.

A autenticidade que venho elogiando aqui está ligada à capacidade de ser verdadeiro, de se afirmar com suas características, com sua essência. E vem daí o crescimento acelerado dos influenciadores digitais ultranichados, personalidades que se afirmam em determinada comunidade, muitas vezes por se assumirem como são. Tendemos a admirar aqueles que vivem de acordo com sua essência. Desafio o leitor a conferir os perfis que segue e que o influenciam. Só existem dois motivos para você os acompanhar: primeiro, o reconhecimento da autenticidade; segundo, o desejo de invejar alguém que você admira, mesmo que não queira reconhecer isso. Aliás, um dos grandes danos do mundo digital, a meu ver, é levar as pessoas a perderem sua identidade e, consequentemente, não serem autênticas.

Logo no início da Non Stop, empresariei um artista chamado Rezende Evil, unanimidade entre as crianças, lotando ginásios do Brasil inteiro com seu espetáculo cujo pano de fundo era o jogo Minecraft.[22] Durante esse período, notei um comportamento comum nos fãs dele: não muito tempo depois, um pouco mais velhos, passavam a negar que o amavam. Os jovens faziam piadas uns com os outros na escola, afirmando que o jogo era coisa de criança – e, para um pré-adolescente, ser chamado de criancinha é inadmissível.

Esse mesmo artista é, para mim, um dos grandes *cases* de autenticidade, mesmo seu público tendo mudado muito ao longo da carreira. Parece paradoxal? Sim, mas ele de fato respeitava cada uma das fases. Todos nos transformamos ao longo da vida, e aceitar essas mudanças não representa perda de autenticidade; pelo contrário, não aceitar que

---

[22] MARTINS, João Paulo. Saiba mais sobre o youtuber RezendeEvil, dono do maior canal de games do Brasil. *Revista Encontro*, 31 mar. 2016. Disponível em: https://www.revistaencontro.com.br/canal/atualidades/2016/03/saiba-mais-sobre-o-youtuber-rezendeevil-dono-do-maior-canal-de-games.html. Acesso em: 5 mar. 2023.

evoluímos é um atentado à autenticidade. Rezende ficava mais velho e, como consequência, seus gostos passavam a ser outros. De garoto que amava jogar Minecraft, tornou-se o adolescente que trolava as pessoas e tratava de temas relativos a seu mundo.

Preciso fazer uma pausa para confessar ao leitor uma dor pessoal. Foi nesse momento de mudança de conteúdo do influenciador que conheci a namorada dele, Virgínia, que mais tarde se transformaria em um dos grandes fenômenos das redes. Vendendo muito em produtos e publicidade, a garota virou minha concorrente ao montar uma agência de influenciadores. Por um tempo, afirmei não ver nada de mais na influenciadora, mas, depois de algumas análises, percebi se tratar de uma tremenda dor de cotovelo, pois estive perto de estourar esse talento e não aproveitei a chance.

Virgínia, à época, não era a mulher fenomenal de agora. Ela era o que a personagem do canal de trolagem precisava que fosse, não o que queria de fato ser – e não por falta de autenticidade nem nada do tipo, mas por estar à sombra de alguém com mais fama. Hoje, o que vejo em Virgínia? Uma pessoa que leva uma vida real, que assume a maternidade e todas as funções inerentes a essa fase, que mostra ser um ser humano incrível que impulsiona a família, gere negócios, é mãe e ainda faz publicidade.

Pois é, nem todo alcance nos potencializa. Vamos nos lembrar do início deste livro: **se você não sabe quem você é, alguém determinará quem você será**. Podemos pensar que quem cresceu muito é detentor da verdade sobre o que devemos ser, mas isso é mentira. Essa pessoa pode trazer bons *insights*, porém jamais determinará quem você será – isso é atributo exclusivo seu e de Deus.

Se você se ressente por não ser autêntico, não se preocupe: nunca é tarde para ser verdadeiro. Nosso passado determina nosso presente, mas não prediz nosso futuro. Seja hoje como quer ser visto amanhã, tenha coragem de ser você, assuma o risco de ser sua melhor versão diariamente, ainda que desagrade algumas pessoas no meio do caminho. Eu garanto que aqueles que se importam com o seu bem-estar entenderão.

Eu, por exemplo, passei a ser autêntico após inúmeras pancadas da vida, e se mostrar vulnerável é minha forma de proteção, acreditando que sou aperfeiçoado diariamente. E é por isso que sempre afirmo em minhas redes que acredito na transformação diária: sou a própria pessoa transformada. Alguém que sempre se escondeu atrás da gordura, das roupas coloridas e do jeito infantil de debochar de si mesmo na frente dos outros, para então chorar escondido no banheiro.

Mas a verdade é que tudo o que está escondido não tem luz e não está resolvido. É como jogar a sujeira para debaixo do tapete: ela não estará à vista, mas permanecerá em sua casa. Eu errei muito no passado, e meus erros não foram consequências das falhas alheias. Só quando abri mão das desculpas encontrei o verdadeiro Alex, amado por Deus com suas imperfeições, e que evolui a cada dia, tornando-se um empreendedor, professor e palestrante mais autêntico.

> **É O RECONHECIMENTO DIÁRIO, BEM COMO O ATO DE ACENDER A LUZ E ESCANCARAR A SUJEIRA QUE HÁ DEBAIXO DO TAPETE, DEIXANDO O ASPIRADOR LEVÁ-LA EMBORA, QUE O TORNA MENOS JULGADOR.**

Pense comigo: adianta levantar o tapete para encontrar sujeira se estiver escuro? Provavelmente não, por isso a luz se faz necessária. E minha luz é Jesus, é Ele quem me torna mais autêntico e melhor a cada dia. O processo de não mentir começa na gente, não escondendo de nós mesmos quem somos, ou nossos erros.

Sem tomar partido nem fazer juízo de valores, apesar de todas as críticas plausíveis em relação a Trump e Bolsonaro, não podemos deixar de reconhecer que em algum âmbito eles são figuras autênticas. Costumo dizer que Jair Bolsonaro é o tio do churrasco tentando ser engraçado, mas apenas para si mesmo, pois todos os demais já se cansaram das piadas repetidas. Foi esse jeito que o fez ser candidato para parte considerável da população brasileira, atingindo uma fidelidade de 30% do eleitorado do país.[23]

Indivíduos autênticos criam conexões mais genuínas, geram mais relacionamentos em suas comunidades, aceleram conversas e atraem grandes semelhantes, que veem neles a possibilidade de se autoafirmar. Vivemos em um mundo com tanta mentira e todos os dias nos decepcionamos com pessoas que não mostram ser quem não são que logo queremos estar perto desses pilares autênticos quando os encontramos, entregando-lhes o direito de nos influenciar.

Em resumo, não há dúvida de que, tanto para pessoas quanto para marcas, a autenticidade é determinante para conectar, conquistar o respeito dos outros e, consequentemente, influenciá-los. Mas você deve estar pensando: *E o que isso tem a ver com o dito falado pelo pai do Alex, título deste capítulo?* Vou contar por que mentiras têm pernas curtas.

Em 2005, tive uma experiência profissional incrível. Precisando sustentar meu filho enquanto terminava o curso de Geografia, eu me aventurei no ramo das vendas. Era um serviço sem horário definido, então poderia intercalar o trabalho com panfletagens, festas infantis e pequenas produções de eventos. Sempre falam que vender é uma arte; logo, sendo um bom artista, posicionei-me como vendedor. A oportunidade que surgiu foi em um atacadista: passei a vender ferragens e luminárias para lojas de materiais de construção e comércios elétricos.

Durante o treinamento, algo me chocou: o produto não tinha identidade, pois comprávamos de diversos lugares e apenas o envasávamos, sem uma linha coerente de produção. Jamais me ensinaram a falar sobre qualidades e diferenciais; só me treinaram para entender o gosto do cliente e fazer promessas que o convencessem, sem que elas fossem reais. Meu primeiro mês foi um sucesso, o que me fez acreditar que tinha encontrado uma forma de ganhar dinheiro.

---

23 ALMEIDA, Alberto Carlos. O motivo que levou à vitória de Bolsonaro, segundo Alberto Carlos Almeida. *Poder 360*, 31 out. 2018. Disponível em: https://www.poder360.com.br/opiniao/o-motivo-que-levou-a-vitoria-de-bolsonaro-segundo-alberto-carlos-almeida/. Acesso em: 5 mar. 2023.

Lembro-me de que fui prospectar um cliente no bairro Grama, em Juiz de Fora, e outro vendedor chegou à loja. Vi que ele apenas pegou o pedido de compra que meu possível cliente já tinha deixado pronto; afinal, este sabia a força do produto que estava adquirindo e o volume de vendas do concorrente. É o que ocorre com empresas que já comprovaram a eficácia do que têm em seu catálogo: vendem naturalmente, depois da primeira entrega. Isso me empolgou, pois pensei que meus próximos pedidos seriam assim, mas não foi o que aconteceu. De fato, eu só tive uma empresa que fez um segundo pedido – e não era dos mesmos produtos.

Ali entendi que a mentira disfarçada de verdade no discurso de vendas funciona no início, mas não se mantém. E a primeira venda nem era tão lucrativa, pois demandava muito tempo de trabalho. Por ser um bom artista, consegui fazer um primeiro mês interessante, mas vi nossos produtos encalharem e os pedidos desaparecerem nos demais meses. Era a mentira revelando sua perna curta: a falta de identidade do produto mostrando que ele até chegava aonde eu queria, mas não permanecia lá.

Não tínhamos algo autêntico, só um discurso de vendas que falseava a realidade. Nos dias atuais seria difícil vender, pois o comprador perguntaria sobre a marca, os resultados dela, e bastaria uma pesquisa na internet para ver que não tinha identidade. A venda em atacado é consequência do resultado obtido pelos clientes.

> **A AUTENTICIDADE SE PROVA NO TEMPO, MOSTRANDO QUE VOCÊ, SEU NEGÓCIO OU SUA MARCA SÃO EXATAMENTE AQUILO QUE PROMETERAM SER.**

É como se fosse um cartório em que o tabelião atesta que a cópia é autêntica. No cartório da vida, o tabelião é seu cliente; o documento original, sua primeira venda; e a cópia, que será autenticada ou não, sua segunda venda. No entanto, saiba que a cópia só será carimbada se a promessa de venda for verdadeira, digna do status legal, que hoje se dá, por exemplo, pela opinião dos clientes nas redes sociais.

Na padaria do meu pai, localizada à época no centro de Juiz de Fora, eu o vi ser autêntico. Certo dia, prestes a fechar o estabelecimento, chegaram duas mulheres, viram minipizzas expostas na estufa e perguntaram se estavam frescas. Senhor Antônio logo respondeu que era impossível que estivessem, pois as fizera no início da tarde e já era fim de expediente, mas que, se as levassem ao micro-ondas, talvez ficassem boas. As clientes toparam, comeram meia pizza e afirmaram que o gosto era ruim. Meu pai, como bom comerciante, disse que não cobraria; elas, porém, quiseram pagar, pois ele tinha sido verdadeiro, e o risco de gostar ou não fora delas. O jeito autêntico de o senhor Antônio se comunicar, não prometendo o que não poderia cumprir, fez com que aquelas mulheres tivessem confiança nele. Mais que isso, elas se tornaram clientes, pois sabiam que ali havia alguém que entregava o que prometia.

Enquanto a mentira tem perna curta, a verdade nos capacita a ganhar o dinheiro que estava perdido. Hoje, mais que nunca, são as pessoas autênticas que conectam e criam comunidades fortes.

Neste capítulo, chegamos ao cerne da influência: não é sobre falar com todos, mas com os semelhantes, dizendo a verdade, e não o que o cliente quer ouvir. Ao contrário da lei da física, que afirma que os opostos se atraem, aqui estamos no jogo dos idênticos. Seja, então, aquele que de fato vive o que diz. Para isso, eu o desafio a criar uma resposta para uma pergunta disruptiva: você toparia ser filmado 24 horas por dia, tornando a sua vida um *Big Brother*?

Uma atriz da minha empresa foi convidada a integrar o *Big Brother Brasil* em 2022. Quando pediu minha opinião, eu lhe fiz a seguinte pergunta: você toparia que seus últimos seis meses tivessem sido filmados? Ela ficou pensativa, desligamos o telefone e alguns dias depois desistiu de ir para a última entrevista. Isso quer dizer que essa pessoa não é autêntica? Óbvio que não, mas significa que há momentos que não quer que o público conheça – e tudo bem. O problema seria, por exemplo, afirmar ser inabalável, porém mostrar ter momentos de angústia.

SEJA HOJE COMO QUER SER VISTO AMANHÃ, TENHA CORAGEM DE SER VOCÊ, ASSUMA O RISCO DE SER SUA MELHOR VERSÃO DIARIAMENTE.

Autenticidade não é escancarar tudo o que faz, mas mostrar que nem somente de comidas chiques, *glamour* e força sua vida ou marca são constituídas. Eu sempre digo: não estar bem mentalmente me faz desaparecer das redes, pois eu não sou um personagem; logo, quando sumo, saiba que estou triste, com dúvidas e megapensativo, que eu jamais teria coragem de mostrar, pois há momentos em que somos o que não queremos ser.

O apóstolo Paulo trata disso no capítulo 7 de Romanos, e transcrevo um versículo que mostra que existem áreas da vida que precisam ser transformadas. Este sou eu, me curando em várias áreas, algumas já por mim identificadas e outras que nem sei quais são. "Não entendo o que faço. Pois não faço o que desejo, mas o que odeio."[24]

Por isso a importância de nos desnudarmos diante da presença de Deus, de modo que Ele nos trate espiritualmente e nos faça buscar ajuda com profissionais da saúde mental que nos tratem mentalmente, nos transformando em pessoas cada vez melhores. Sinceramente, eu não creio em vida pessoal e profissional, acredito em vida e trabalho como princípios universais extraídos da Bíblia, que é viva e eficaz.

> *E todos nós, que com a face descoberta contemplamos a glória do Senhor, segundo a sua imagem estamos sendo transformados com glória cada vez maior, a qual vem do Senhor, que é o Espírito.*[25]

Com isso, entendo que autenticidade está ligada a ser coerente e fiel ao próprio propósito, vivendo em plenitude. Não é necessário revelar todos os detalhes nem esconder fraquezas e deslizes. Mostre-se real e sincero, inclusive se não quiser falar a respeito de determinado assunto. Apenas seja transparente em relação a isso. É sobre estar

---

24 NVI: Romanos 7:15. Disponível em: https://www.bibliaonline.com.br/nvi/rm/7. Acesso em: 2 mar. 2023.

25 Idem: 2 Coríntios 3:18. Disponível em: https://www.bibliaonline.com.br/nvi/2co/3. Acesso em: 2 mar. 2023.

em uma conversa pessoal ou digital sem sacrificar quem é e aquilo em que acredita.

Ao mesmo tempo, a autenticidade não pode ser uma desculpa para se fechar em grupos só de gente que pensa como você. Encare-a como um convite a viver situações desconfortáveis sem perder sua capacidade de falar e entender. "Você respeita os meus limites e, na dúvida sobre o que é aceitável ou não, você pergunta."[26]

Já percebeu que sempre recorro a exemplos bíblicos? Neste caso não seria diferente. Sendo Daniel um jovem da tribo de Judá, sua habilidade era a adoração, e seu relacionamento com Deus, vital. Com a invasão de Nabucodonosor a Jerusalém, o profeta foi levado cativo para a Babilônia, onde precisou passar por um treinamento de adaptação cultural imposto pelo rei e deveria comer o alimento oferecido a fim de se manter bem nutrido – o que, para Daniel, foi um atentado a suas crenças e convicções; por isso, tentou buscar saída junto ao chefe dos oficiais.

> *Daniel, contudo, decidiu não se tornar impuro com a comida e com o vinho do rei, e pediu ao chefe dos oficiais permissão para se abster deles. E Deus fez com que o homem fosse bondoso para com Daniel e tivesse simpatia por ele. Apesar disso, ele disse a Daniel: "Tenho medo do rei, o meu senhor, que determinou a comida e a bebida de vocês. E se ele os achar menos saudáveis que os outros jovens da mesma idade? O rei poderia pedir a minha cabeça por causa de vocês". Daniel disse então ao homem que o chefe dos oficiais tinha encarregado de cuidar de Daniel, Hananias, Misael e Azarias: "Peço-lhe que faça uma experiência com os seus servos durante dez dias: Não nos dê nada além de vegetais para comer e água para beber. Depois compare a nossa aparência com a dos jovens que comem a comida do rei, e trate os seus servos*

---

26 BROWN, Brené. *A coragem de ser você mesmo*. Rio de Janeiro: BestSeller, 2021. p. 37.

> *de acordo com o que você concluir". Ele concordou e fez a experiência com eles durante dez dias. Passados os dez dias eles pareciam mais saudáveis e mais fortes do que todos os jovens que comiam a comida da mesa do rei. Assim o encarregado tirou a comida especial e o vinho que haviam sido designados e em lugar disso lhes dava vegetais* (DANIEL 1:8-16).

Perceba que o profeta exerceu a empatia, mostrou seus anseios e se colocou em situação de vulnerabilidade, deixando que o próprio oficial decidisse, pois Daniel sabia em quem estava confiando – no caso, Deus. Para ele, o convencimento não se daria por palavras, mas pelo agir do Criador em sua vida, que o manteria forte apenas com vegetais e água. Ser autêntico, mostrando que sua verdade gera resultados, exige experiência, por isso seja você mesmo e deixe o interlocutor ser quem ele quiser. Permita que a consequência de suas ações o convença. Esperar por resultados pode ser uma situação de fragilidade, mas não temos todos nossos momentos frágeis? Com certeza, sim!

Que bom que esses momentos de vulnerabilidade existem para nos lembrar de que somos falhos e não podemos julgar ninguém. Mais que isso, somos dependentes de Deus, assim como Paulo afirma: "Por isso, por amor de Cristo, regozijo-me nas fraquezas, nos insultos, nas necessidades, nas perseguições, nas angústias. Pois, quando sou fraco é que sou forte" (2 Coríntios 12:10).

Mais uma vez fazendo referência ao *Big Brother Brasil* de 2022, pensemos no exemplo do cantor Arthur Aguiar, participante da edição. Arthur era casado com Maíra Cardi, *health coach* superfamosa. Sabe-se que ele traiu a esposa, que, decepcionada, foi para as redes detonar o marido. A atitude marcou um ativismo de Maíra pela causa das mulheres, e ela se tornou um ícone da coragem de assumir sofrimentos em público. O que as pessoas não esperavam era que, na época, ela perdoasse o marido e voltasse a se relacionar com ele. Acabou cancelada por muitas mulheres que não aceitaram sua decisão. Sem entrar na discussão sobre o que é certo ou errado, temos, de um lado, um homem que errou, assumiu e pediu perdão publicamente pelos erros. De outro lado, uma mulher machucada que decidiu dar uma segunda chance ao companheiro.

Passados alguns meses, o cantor, ao ser convidado para o *Big Brother*, se viu diante de uma oportunidade que poderia levá-lo a dois caminhos: primeiro, matar de vez a história, pois lá não há controle de narrativa; segundo, mostrar que estava mesmo arrependido e apresentar sua transformação. Apenas quem reconhece seus erros e decide lutar contra eles pode aceitar o convite de se colocar no lugar de fragilidade. Ele aceitou e, ainda, mudou sua história de vida. Entrou na casa com o público fazendo bolão para saber quantas vezes trairia a esposa e saiu com o prêmio de campeão, atingindo a marca de 68% dos votos na final.[27] Ele se mostrou, aparentemente, mudado, algo que só pode ser realizado em ambientes que nos deixam frágeis.

> *Quando pertencemos verdadeiramente a nós mesmos e acreditamos em nós de modo incondicional, o verdadeiro pertencimento já é nosso. Pertencer a si mesmo significa ser chamado para lutar sozinho – desbravar a natureza selvagem da incerteza, da vulnerabilidade e da crítica.*[28]

Para sermos autênticos, precisamos pertencer a nós mesmos, e isso só é possível com vulnerabilidade, sendo seres humanos reais, que erram. Por isso, não devemos julgar, mas deixar o outro viver sendo quem deseja ser. A pesquisadora Brené Brown, por exemplo, assume mergulhar na espiritualidade para conquistar o verdadeiro pertencimento: "Chamei a principal preocupação dos participantes da atual pesquisa de verdadeiro pertencimento. E [...] não havia dúvidas de que a maior dificuldade para conquistar o verdadeiro pertencimento estivesse no campo espiritual".[29]

---

27 ARTHUR Aguiar é o campeão do 'BBB22', com 68,96% dos votos. G1, 27 abr. 2022. Disponível em: https://g1.globo.com/pop-arte/tv-e-series/noticia/2022/04/27/arthur-aguiar-e-o-campeao-do-bbb22.ghtml. Acesso em: 5 mar. 2023.

28 BROWN, Brené. Op. cit., p. 31.

29 Ibidem, p. 33.

Para mim, é evidente que a questão é aceitarmos nossa essência: a de filhos de Deus, criados à Sua imagem e semelhança. Quando fugimos disso, sentimos o vazio que interrompe nossa conexão e nos impede de desenvolver os principais mandamentos: amar a Deus, ao próximo e a nós mesmos (Mateus 22:37-39). Quando amo a Deus, amo ao próximo – que reflete Deus – e a mim mesmo, pois nós somos feitos à Sua semelhança. Isso dispara um corolário de aceitação e respeito.

Voltando ao caso de Arthur Aguiar, aprendemos três posicionamentos:

1. A quem foi machucado, como Maíra Cardi, cabe perdoar, não necessariamente aceitar de volta.
2. A quem ofendeu, como Arthur Aguiar, cabe reconhecer seus erros e buscar a transformação, provando pelos frutos, não por suas falas.
3. A quem está de fora, cabe não julgar, pois qualquer dia podemos nos ver numa dessas duas posições.

Não digo que eles dois não possam errar mais uma vez, mas o reconhecimento foi fundamental para que o artista pelo menos buscasse construir uma nova história com base na aceitação da transformação.

Aliás, a passagem bíblica que conta a história da mulher adúltera sempre me tocou. Interessante perceber que ela surge do desejo das pessoas de fazerem uma pegadinha com Jesus, colocando-o em xeque a partir do confronto entre o que Ele pregava e o que dizia a lei. A normativa legal dizia que a mulher deveria ser apedrejada, mas Jesus pregava o perdão. O Filho de Deus, com toda a Sua autenticidade única, deu uma aula de amor:

> *Mestre, esta mulher foi surpreendida em ato de adultério. Na lei, Moisés nos ordena apedrejar tais mulheres. E o senhor, que diz?" Eles estavam usando essa pergunta como armadilha, a fim de terem uma base para acusá-lo. Mas Jesus inclinou-se e começou a escrever no chão com o dedo. Visto que continuavam a interrogá-lo,*

OLHE PARA O PASSADO COMO LUGAR DE REFERÊNCIA, NÃO COMO LOCAL DE PERMANÊNCIA. SUA HISTÓRIA REAL É A MOLA PROPULSORA DE SUA TRANSFORMAÇÃO.

> *ele se levantou e lhes disse: "Se algum de vocês estiver sem pecado, seja o primeiro a atirar pedra nela". Inclinou-se novamente e continuou escrevendo no chão. Os que o ouviram foram saindo, um de cada vez, começando com os mais velhos. Jesus ficou só, com a mulher em pé diante dele. Então Jesus pôs-se de pé e perguntou-lhe: "Mulher, onde estão eles? Ninguém a condenou?". "Ninguém, Senhor", disse ela. Declarou Jesus: "Eu também não a condeno. Agora vá e abandone sua vida de pecado"* (**JOÃO 8:4-11**).

Assim será nossa vida: seremos perdoados, nos transformaremos, aceitaremos nossos erros e afirmaremos que não queremos mais os repetir, mas também almejaremos mostrar que podemos mudar. E isso só é possível quando formos quem realmente somos sem nos esconder atrás das máscaras do digital, pois estas cairão e dificultarão nosso levantar.

É se reconhecendo que você vai entender que é um ser vulnerável, não se posicionando como defensor irrepreensível da moral, alguém que julga o outro sem olhar para os próprios erros e sua humanidade. Na vida, percebi que muitos moralistas vestem essa capa para esconder defeitos, e alguns até acham que não estão errados, mesmo que falem de amor nos palcos e ponham em prática o ódio.

Seja alguém que faça a diferença. Analise se você tem potencializado sua essência real ou aquela forjada por uma oportunidade. Não esqueça que seus erros passados não determinam seu futuro, os quais, neste momento, cabe a você consertar.

Se quer influenciar, comece influenciando a si mesmo, sendo sua melhor versão todos os dias e permitindo-se ser imperfeito, vulnerável, com medos que não o paralisam e com a audácia de levar uma vida plena. Ser autêntico é um ato de coragem necessário para quem quer influenciar e, principalmente, usar as redes sociais a fim de construir uma marca forte. O processo todo implica intensidade, acontece em tempo real e demanda responsabilidade.

Que este capítulo o ajude a perder o medo de ser você mesmo, de se machucar, fracassar, ser criticado e não estar à altura de seus sonhos.

Eu me conectei com você quando aceitei ser quem eu sou, imperfeito e sonhador, apaixonado por Jesus e por pessoas, um eterno progressista que quer viver num mundo mais justo e mais agregador, conforme o Mestre nos ensinou. Sem dúvida, nas redes é impossível viver sustentando uma mentira, ainda que tenha bons lastros de verdade.

Seja influente na vida para depois ser influente nas redes.

AÇÃO 3
MENTIRA TEM PERNA CURTA

O quanto de você há no que você faz?

Na primeira ação, pedi que você listasse 10 temas dos quais não gosta, 10 assuntos sobre os quais gosta de falar e, depois, que escolhesse, dentre esses últimos, os seus 3 favoritos. Na segunda ação, a atividade era perguntar para 10 pessoas o que elas veem em você e como o descrevem. Agora, quero que você responda:

As suas três últimas respostas na primeira ação estão presentes no seu trabalho?

_____
_____
_____
_____

As características que as pessoas veem em você fazem parte daquilo que você realiza?

_____
_____
_____
_____

Não tem como influenciar o mundo sem influenciar a si mesmo. Agora, pense em três atitudes que você pode ter para adicionar ao que gosta e àquilo que você faz diariamente. Explique-as.

AÇÕES PARA ME APROXIMAR DE QUEM SOU

AÇÃO 1	
AÇÃO 2	
AÇÃO 3	

PRINCÍPIO 4

DE GRÃO EM GRÃO A GALINHA ENCHE O PAPO

Sempre fui um panfleteiro diferenciado, que distribui o material fantasiado. Um dia, quando ainda morava com meus pais, cheguei em casa cabisbaixo. Havia desenvolvido um personagem exclusivo para o shopping popular em que trabalhava, mas o gerente fechara comigo apenas duas horas de trabalho por dia. Eu ganhava por hora, a ideia do personagem era disruptiva, e me dispusera a levá-la adiante para conseguir um contrato de mais tempo (logo, ganhando mais). Mas não foi o que aconteceu, e voltei para casa desestimulado.

Lá estava o senhor Antônio deitado no sofá da sala, assistindo ao jornal. Minha chegada sempre era uma oportunidade de um bom bate-papo – fato interessante, considerando que nós dois não conversávamos o tempo todo. Quando nos falávamos, então, acabava sendo marcante... pois é, ele sabia que qualidade era melhor que quantidade e, como de costume, leu meus sentimentos, então me perguntou o motivo de eu estar emburrado.

Relatei o plano que não tinha dado certo, e sua resposta foi um ditado que eu já sabia, mas no qual nunca tinha parado para pensar: "Alec, de grão em grão a galinha enche o papo". "Não poderia encher mais rápido?", eu retruquei. Com calma, ele me explicou: "Se a galinha se encher muito rápido, se engasga e pode morrer. Ela come devagar e prestando atenção ao que está comendo. Não se trata de velocidade, mas de atenção".

A lição: eu precisava estar bem atento, ser excepcional nas duas horas que me foram oferecidas, gerando resultados. Com certeza isso renderia mais contratos, ainda que não com a mesma empresa, mas com outras que me vissem fazendo aquilo com zelo ou recebessem a indicação do gerente do shopping. Passei a ser o melhor panfleteiro que podia e vi os clientes se multiplicarem.

O ditado seguiu comigo: sempre que possível, eu o apliquei em meus negócios e em qualquer fase de minha jornada como empreendedor. E foi o mesmo princípio que visualizei em diversas pessoas que cresceram nas redes e nos próprios negócios.

Quando comecei a viajar pelo Brasil com Gustavo Mendes, artista acostumado a lotar teatros em Juiz de Fora, obviamente ainda não tínhamos o mesmo público em outras regiões; ainda assim, a entrega sempre foi a mesma – não se tratava da quantidade de gente presente, mas do poder potencializador dessas pessoas, que postavam em suas redes e falavam bem daquilo a que estavam assistindo. Exercíamos nossa melhor versão, independentemente dos grãos. Também não nos importava a relevância da casa de espetáculo – se era no principal teatro da cidade ou num bufê –, sempre fazíamos o melhor com a estrutura disponível, pois isso nos levaria aos grandes espaços. O importante era termos como foco o espetáculo apresentado e o cliente, enchendo o papo com muita qualidade e respeito.

Um de meus autores preferidos, Shawn Achor, fala muito bem sobre a atenção plena ao que pode fazer a diferença:

> *Pense nos seguintes termos: a melhor maneira de lavar um carro é colocar o dedão no jorro da mangueira, deixando aberta apenas parte da área. Por quê? Porque isso concentra a pressão da água, multiplicando a potência da mangueira. No trabalho, o equivalente seria concentrar seus esforços em pequenas áreas nas quais você sabe que pode fazer a diferença.*[30]

---

30 ACHOR, Shawn. Op. cit., livro digital.

Anos depois, apliquei o mesmo princípio na carreira do Whindersson: a atenção deveria estar no compartilhamento digital da experiência das pessoas nos espetáculos, e conseguíamos isso com as fotos tiradas ao fim dos shows. Não importava o número de pessoas nem de cidades visitadas, o artista sempre passava horas dando atenção ao público. O resultado era uma verdadeira onda de postagens, atraindo mais atenção para seu nome e enchendo seu papo digital de milhares de seguidores em vários países.

Essa atenção plena é tão importante que, se a negligenciamos, os danos podem ser irreparáveis. Eu me lembro de quando realizei a cirurgia bariátrica: quando o período de recuperação passou, resolvi praticar diversos esportes; minha vida era equiparável à de um atleta de alta performance, mesmo que eu não tivesse preparação para isso. Eu queria perder peso rápido, então malhava pela manhã e andava horas de bicicleta à noite, me desafiando a fazer os piores trajetos de Palmas. Não apliquei na vida de "atleta" o ensinamento de meu pai, pois investia em quantidade e pulava etapas. Você já deve imaginar que isso me acarretaria problema, certo?

Um dia, fazendo um trajeto para profissionais, eu caí, fraturei o braço e me vi obrigado a parar a musculação e o pedal por dois meses. Antes tivesse vivenciado o processo correto, ingerindo os grãos com cuidado – teria dado a atenção devida às fases de treinamento e obtido os resultados no tempo ideal.

Essa ansiedade tem se tornado um grande problema, pois leva as pessoas a acreditarem que a influência está disponível para venda. Com isso em mente, elas não querem vivenciar o processo do crescimento nem o ônus disso tudo. No universo digital é possível comprar muitas coisas, pode-se inclusive pagar pelo alcance, mas nada garante resultado se o objetivo for influenciar. Alcance se compra; influência se conquista.

Isso me lembra de uma passagem bíblica em que os discípulos tentavam expulsar um demônio e não conseguiam. Jesus chegou e deu uma chamada fenomenal.

**ALCANCE
SE COMPRA;
INFLUÊNCIA
SE CONQUISTA.**

Quando chegaram onde estavam os outros discípulos, viram uma grande multidão ao redor deles e os mestres da lei discutindo com eles. Logo que todo o povo viu Jesus, ficou muito surpreso e correu para saudá-lo. Perguntou Jesus: "O que vocês estão discutindo?" Um homem, no meio da multidão, respondeu: "Mestre, eu te trouxe o meu filho, que está com um espírito que o impede de falar. Onde quer que o apanhe, joga-o no chão. Ele espuma pela boca, range os dentes e fica rígido. Pedi aos teus discípulos que expulsassem o espírito, mas eles não conseguiram". Respondeu Jesus: "Ó geração incrédula, até quando estarei com vocês? Até quando terei que suportá-los? Tragam-me o menino". Então, eles o trouxeram. Quando o espírito viu Jesus, imediatamente causou uma convulsão no menino. Este caiu no chão e começou a rolar, espumando pela boca. Jesus perguntou ao pai do menino: "Há quanto tempo ele está assim?" "Desde a infância", respondeu ele. "Muitas vezes o tem lançado no fogo e na água para matá-lo. Mas, se podes fazer alguma coisa, tem compaixão de nós e ajuda-nos." "Se podes?", disse Jesus. "Tudo é possível àquele que crê." Imediatamente o pai do menino exclamou: "Creio, ajuda-me a vencer a minha incredulidade!" Quando Jesus viu que uma multidão estava se ajuntando, repreendeu o espírito imundo, dizendo: "Espírito mudo e surdo, eu ordeno que o deixe e nunca mais entre nele". O espírito gritou, agitou-o violentamente e saiu. O menino ficou como morto, a ponto de muitos dizerem: "Ele morreu". Mas Jesus tomou-o pela mão e o levantou, e ele ficou em pé (**MARCOS 9:14-27**).

Aquela situação foi fundamental para que os discípulos cumprissem a missão que lhes fora incumbida: pregar o Evangelho em todos os lugares, libertando e curando em nome de Jesus. A prova disso está na passagem histórica do livro de Atos dos Apóstolos:

> *Viajando por toda parte, Pedro foi visitar os santos que viviam em Lida. Ali encontrou um paralítico chamado Eneias, que estava acamado fazia oito anos. Disse-lhe Pedro: "Eneias, Jesus Cristo vai curá-lo! Levante-se e arrume a sua cama". Ele se levantou imediatamente* (**Atos 9:32-34**).

Ora, a experiência vivenciada deu resultado, mas isso ocorreu pelo fato de os discípulos terem prestado atenção ao grão de informação entregue a eles por Jesus. E assim será nossa vida: devemos ter atenção aos ensinamentos, absorvendo tudo o que pudermos das experiências, executando-as da melhor maneira possível.

Por isso, valorizo tanto os grupos de mentoria e *mastermind*: as trocas entre os participantes entregam grandes ensinamentos. Fiz parte, por exemplo, do Ecco 100, grupo de *mastermind* formado por Joel Jota, que, diga-se de passagem, é um dos maiores potencializadores de pessoas que conheço. Foi ele quem me instigou a palestrar e foi uma mola propulsora em minha vida. Lembro-me de quando Bruno Perini, grande influenciador da área de finanças, contou ter entendido que a melhor forma de crescer é cuidando da audiência que já tem, buscando clientes novos com base na experiência positiva dos atuais. É preciso cuidar do que se está fazendo e do que se tem quando se visa ao sucesso. Como disseram Gary Keller e Jay Papasan, "a chave está no tempo. O sucesso é construído sequencialmente. Uma única coisa por vez".[31]

Acho que uma das perguntas que mais escuto é: "Como faço para entrar para sua agência?". Eu respondo: "Conecte-se com seu público". Eu acredito em pessoas que descobrem sua forma particular de se comunicar. E isso nada tem a ver com número de seguidores, mas com seu poder de chamar a atenção da audiência que já possui, tornando cada seguidor coparticipante do seu conteúdo.

---

31 KELLER, Gary; PAPASAN, Jay. *A única coisa*. Rio de Janeiro: Sextante, 2021.

Se a grande dificuldade é saber o que cria conexão, essa também é uma das atividades primordiais, uma vez que grandes talentos surgem de ações pontuais que os tornam relevantes. Citando alguns exemplos: a capacidade de Whindersson relatar de forma humorada relacionamentos entre pais e filhos nordestinos; a maneira como Carlinhos Maia dá graça aos personagens da vida real, tornando seus *stories* uma grande novela; a facilidade de Thiago Nigro em desburocratizar o ensino de investimentos financeiros.

> *Uma pequena quantidade de causas cria a maioria dos resultados. O investimento correto cria a maioria dos rendimentos. Esforço seleto cria quase todas as recompensas.*[32]

Se você não influencia no micro, não será aumentando o número de seguidores ou de relacionamentos que passará a influenciar. É preciso valorizar sua audiência nas diferentes formas de contato – tirando fotos, respondendo aos comentários, às mensagens, agradecendo as pessoas que o seguem ou compartilham seu conteúdo. Talvez agora você pense: *Mas, quando tiver muitos seguidores, não vou dar conta*. É verdade, porém também é certo que cada grão merece um tipo de atenção.

Quando atingir milhares de seguidores, não vai responder a todos por *direct*, e eles entenderão. A cobrança, então, passará a ser o encontro presencial nas cidades, uma nova turnê. Ou seja, para cada grão uma preocupação, e cada atenção bem desempenhada enche o papo da galinha. Há também um princípio bíblico que explica isso: "O senhor respondeu: 'Muito bem, servo bom e fiel! Você foi fiel no pouco; eu o porei sobre o muito [...]'" (Mateus 25:23).

A fidelidade é uma ação que independe de quantidade, que deve ser exercida em qualquer ambiente. Isso tudo me lembra de uma história que meu pai me contou. O administrador de uma empresa de ônibus

---

32 Idem.

recebia uma porcentagem por seu trabalho. Devido à idade avançada, o empresário combinou com esse administrador que, em caso de falecimento, seria preciso repassar o dinheiro para sua filha pequena. De fato, depois de um tempo, o empresário morreu. O primeiro ato do administrador foi assumir os negócios como se dele fossem, falando com a mãe da criança que não repassaria mais nada. As duas se viram em uma situação delicada, pois dependiam desse dinheiro. Foram anos de dificuldade e diversas tentativas de acerto, todas sempre negadas pelo administrador. E a mulher não tinha nenhum comprovante do acordo com o falecido.

O dito administrador ficou milionário sem ter trabalhado para tanto, pois só se encontrava naquela posição por confiança do falecido. Quis o destino que a mulher se tornasse prefeita da cidade onde a empresa prestava serviço de transporte público e que, então, o administrador dependesse dela para a renovação do contrato. A história sofreu uma reviravolta, e o homem logo quis acertar tudo o que havia roubado. A viúva não aceitou, afirmando que ele não havia sido fiel quando deveria ser, e que, além disso, averiguaria todos os contratos anteriores da empresa com o município. Um grande rombo foi descoberto, o administrador foi preso e sua empresa faliu.

Deixando de lado qualquer julgamento da situação, o fato é que a fidelidade do administrador só era exercida quando era de seu interesse. Dar atenção a cada grão disponível é valorizar o que se tem no presente, cumprindo seus deveres, exercendo sua função da melhor maneira possível, certo de que suas ações não serão em vão. Aqui também podemos trazer à tona a importância da gratidão, de valorizar cada etapa vivida, extraindo os ensinamentos possíveis. A gratidão é a aprovação para viver o próximo nível.

> *Ao longo dos anos, os homens e mulheres que mais se entregavam à alegria eram aqueles que praticavam a gratidão. Nesses momentos vulneráveis de alegria individual ou coletiva, precisamos praticar a gratidão.*[33]

---

33 BROWN, Brené. Op. cit., p. 131.

SE VOCÊ NÃO INFLUENCIA NO MICRO, NÃO SERÁ AUMENTANDO O NÚMERO DE SEGUIDORES OU DE RELACIONAMENTOS QUE PASSARÁ A INFLUENCIAR.

Passando agora para um exemplo pessoal, em um ato corajoso de aceitar minha vulnerabilidade, há um tempo decidi iniciar um projeto de 40 dias de *lives* às 3h18 – sim, no meio da madrugada, pois eu sabia de muita gente que não consegue dormir e fica conectada nesse horário. A *live* que mais deu público atingiu 110 espectadores simultâneos, mas em geral flutuava entre 70 e 90 pessoas. De todo modo, a audiência passageira era enorme: pessoas entravam, eram curadas, se acalmavam e seguiam a vida.

Nesse projeto, algo me marcou: um grupo entrou no desafio comigo, e essas pessoas se tornaram suportes para aqueles adoentados que entravam "por acaso" nas *lives*. De início, não percebi que o objetivo dessas *lives* era levantar gente que se importasse comigo, que até hoje oram por mim e são gratas pela minha missão. Obviamente, agradeço a essas pessoas, que sempre me mandam conteúdos e me servem de consolo em momentos necessários.

Ou seja, não se tratou de muitos grãos para encher o papo, mas da qualidade do grão, algo que gerou saciedade e completude. *Lives* com mais público não cuidaram tanto de mim como essas da madrugada. Na fragilidade, somos abençoados com aqueles que se tornam verdadeiros arrimos de contenção.

Que possamos dar atenção a cada conquista, fazendo de gente assim um trampolim para as fases seguintes. No jogo das redes sociais, quem o impulsiona são seus clientes atuais, os seguidores com quem você se relaciona no micro e um dia vão comemorar suas conquistas no macro.

AÇÃO 4
DE GRÃO EM GRÃO A GALINHA ENCHE O PAPO

Todo passo é importante, cada etapa faz parte do processo. Assim como é importante dar um passo de cada vez, é essencial comemorar cada passo dado.

No quadro a seguir, escreva a sua meta de influência: com quantas pessoas quer falar, quem pretende atingir, como quer ser visto etc. Depois, elenque quais passos deve dar para alcançá-la.

Por exemplo: se você pretende perder 10 quilos, precisa começar eliminando 50 gramas; então, em vez de comer dois brigadeiros por dia, comerá um. Sua ação pode também ser, portanto, uma exclusão.

META	PEQUENAS AÇÕES *EXECUTÁVEIS* PARA ATINGIR A META

PRINCÍPIO 5

NÃO SE DEVE DAR UM PASSO MAIOR QUE A PERNA

Certos ensinamentos nós não absorvemos de imediato, e acabam sendo necessários alguns tombos para entendermos que deveríamos ter escutado os mais experientes. Vou contar um caso desses relacionado à lição que dá título a este capítulo.

Quando lançaram um dos primeiros celulares, o simples fato de ter um aparelho daqueles era ostentação – uma ostentação diferente da atual, tão pautada nas marcas; naquele caso, bastava ter o produto. Era um símbolo de importância, de ser alguém que necessitava falar ou ser encontrado rapidamente.

A primeira vez que vi um celular foi no grupo de teatro do qual fazia parte na adolescência, dirigido por Guaraci Silveira, que dividia seu tempo entre o trabalho na Telemig, operadora de telefonia de Minas Gerais, e a companhia. Logo, nosso diretor foi uma das primeiras pessoas a ostentar o aparelho. Era tão pesado que o cinto da calça quase não aguentava. Ainda assim, só tínhamos olhos para aquele dispositivo que nos conectava em qualquer lugar que estivéssemos. Relatando isso, sinto até certa nostalgia.

> "TODOS OS DIAS QUANDO ACORDO
> NÃO TENHO MAIS
> O TEMPO QUE PASSOU
> MAS TENHO MUITO TEMPO
> TEMOS TODO O TEMPO DO MUNDO."[34]

Aproveito a pequena digressão para reafirmar que, independentemente de idade ou circunstância, nunca é tarde para consertar seus erros, aprender com eles e construir um novo futuro a partir do presente. Jamais é tarde para aplicar os princípios explicados neste livro. Com isso, voltemos à história do celular.

Imbuído pelo desejo de ser importante, almejando ter pessoas precisando falar comigo rapidamente, fui a uma loja ver as condições de compra daquele produto mágico – afinal, eu trabalhava como DJ em formaturas, montava som e iluminação, ganhava cerca de 10 reais por noite (hoje, valor em torno de 30 reais).

Não precisei nem entrar na loja para ver que era muito caro, que nem economizando tudo eu conseguiria adquirir aquela "propriedade" que me faria ser alguém. Talvez você esteja pensando: *Logo você, que fala tanto de ser em vez de ter*. Não me julgue assim, eu tinha 15 anos.

Inclusive, permita-me reiterar um comentário prévio: nenhum julgamento é bom, mas julgar alguém (ou a si mesmo) em outra fase da vida é um atentado. Eu cometia esse crime emocional todos os dias: julgava meus atos de adolescente com minha cabeça de 30, me punindo sem parar. Aliás, isso perdurou até que meu terapeuta dissesse: "É fácil julgar o Alex adolescente com a experiência que você tem hoje, tendo vivido o que ele viveu, sabendo o que aconteceria. Mas pensar diferente não era fácil naquele momento cheio de inseguranças, tendo problema

---

[34] TEMPO perdido. Interpretada por: Legião Urbana. Composta por: Renato Russo. Produzida por: Mayrton Bahia. EMI Brasil.

com rejeição". Meu terapeuta tinha razão, e seu conselho me livrou de muitas culpas. Ao ler isso hoje, espero que comece a se livrar de alguns fardos que você carrega.

O autoperdão é ainda mais essencial que o perdão, pois sem se perdoar você jamais terá capacidade de perdoar verdadeiramente outra pessoa. E o autoperdão começa ao se entender o contexto das situações. Além disso, vale notar que a correção de seus erros acaba ajudando outras pessoas.

Voltando ao episódio, cheguei em casa decepcionado por não vislumbrar chance de comprar o tal celular. Foi então que pensei em pedir a meu pai o valor que faltava; embora soubesse que ele jamais me daria, o não eu já tinha. Ao falar com o senhor Antônio, ele logo negou, explicando que não fazia sentido, pois eu não precisava daquilo. Fui dormir com raiva, pensando no quanto meu pai era mau. No dia seguinte, como um típico adolescente, acordei emburrado para ir à escola e saí de casa sem me despedir de ninguém.

Sempre me interessei por propaganda, gostava de ler todos os anúncios que via pela frente. Foi no caminho de casa à escola que dei de cara com a campanha de um aparelho chamado *pager*. Algumas pessoas o chamavam de *bip*. Para quem não sabe, era uma espécie de celular que só mandava mensagens. A pessoa ligava por voz, e uma central transformava a fala em texto e enviava aos aparelhos dos destinatários.

Então, pensei: *Se não posso ter um celular, posso ter um pager*. E serei ao menos meio importante. Obviamente, passei a aula planejando como seria minha vida com o dito aparelho. Saí da escola e fui à empresa do anúncio, que me explicou que seria uma espécie de aluguel de aparelho e serviço.

Para minha grata surpresa, o aluguel custava 40 reais por mês, o que daria para eu pagar com quatro festas que fizesse. O único problema parecia ser que apenas maiores de 18 anos podiam assinar o acordo. Eu precisaria do meu pai.

Chegando em casa, logo dei um beijo interesseiro nele e comecei a falar do aparelho de mensagens. "Alec", ele começou, "não dê passo

O AUTOPERDÃO
É AINDA MAIS
ESSENCIAL QUE
O PERDÃO, POIS
SEM SE PERDOAR
VOCÊ JAMAIS
TERÁ CAPACIDADE
DE PERDOAR
VERDADEIRAMENTE
OUTRA PESSOA.

maior que a perna. Você não precisa disso nem tem dinheiro pra pagar." Outra vez a raiva entrou em meu coração, e fui chorando para o quarto.

Se em toda família tem alguém com coração mais mole, na minha era minha mãe. Embora fosse impulsiva, mais agressiva, ela fazia de tudo para ver os filhos felizes, até mesmo se endividar, se fosse preciso. Ao me ver chorando, dona Dudu disse que alugaria o aparelho no nome dela, mas que eu deveria arcar com os custos. Rapidamente o choro se transformou em sorrisos, e eu me levantei para irmos à loja.

Naquele mesmo dia fui para o teatro com o *pager* na cintura, algo que não foi comentado por ninguém. Mas, a fim de ostentar meu novo status, fiz questão de passar meu ID para todos os colegas. Na escola não foi diferente: mostrei a todos o meu novo meio de comunicação. Só que passei três meses sem receber mensagem.

No início do quarto mês, tudo mudou: na sala de aula, alerta de mensagem! Meu sorriso logo se abriu E eu vibrei com os colegas me encarando. Eles saberiam da minha importância. Foram alguns segundos fantásticos entre o toque da mensagem e a leitura do que ela dizia. Infelizmente, não era o que eu esperava; tratava-se da operadora me cobrando pelo atraso no pagamento.

Quando analisei minha capacidade de pagar o aluguel, trabalhava em festas toda semana, mas não sabia que era um mês atípico, o período de maior movimento do mercado, e que o movimento cairia por completo nos meses seguintes. Para ser sincero, eu não contava com essa queda – e no segundo mês eu já não tinha dinheiro para arcar com os custos, mas não podia reduzir meu status ilusório.

Naquela altura da vida, eu já tinha aprendido que mentir jamais era uma boa opção e confesso que só pensava no meu pai quebrando o aparelho, o que aumentaria drasticamente minha dívida. Ao receber a mensagem de cobrança, contei para minha mãe, que também não tinha dinheiro para quitar o valor devido. Falar com meu pai jamais seria uma opção... como eu assumiria que estava errado?

As mensagens passaram a ser recorrentes, já eram três meses de inadimplência, até que meu *bip* foi desativado. Isso não gerava problemas profissionais para mim, pois em todo o período que estive com ele nunca recebi mensagem. O problema eram os juros, chegando ao cúmulo de negativarem o nome de minha mãe. Só restava pedir a meu pai o dinheiro emprestado e devolver logo o aparelho.

O pior não era ouvir o sermão dele, mas ter meu orgulho ferido com a frase: "Alec, eu avisei pra você não fazer isso". Pois é, ele emprestou o dinheiro, falou essa frase durante vários dias e eu entendi que tinha razão em relação aos passos errados que damos na vida. Ao mesmo tempo, me dei conta de que estava diante de uma oportunidade de crescimento.

"Estudo após estudo demonstra que, se formos capazes de considerar um fracasso uma oportunidade de crescimento, teremos muito mais chances de crescer."[35] Toda crise, se bem analisada, levantará pontos positivos, fazendo emergir aprendizados e ações disruptivas.

> Muitas das mais importantes invenções e descobertas da humanidade surgiram em períodos de crise. Afinal, é nos tempos de dificuldades que as pessoas, forçosamente, têm de sair de sua zona de conforto e buscar maneiras de contornar as adversidades – inclusive para preservar a própria vida. Foi em meio à tragédia da Primeira Guerra Mundial que o médico inglês Alexander Fleming (1881-1955), de tanto contemplar, impotente, o sofrimento dos feridos em combate, não mediu esforços em suas pesquisas até descobrir o primeiro antibiótico.[36]

No caso que contei, meu aprendizado foi ouvir quem tinha capacidade de me aconselhar. Meu pai era mais vivido, já tinha passado por situações semelhantes na vida, e sua opinião deveria ser ouvida. Dar o passo

---

35 ACHOR, Shawn. Op. cit., livro digital.

36 BETETTO, Rodney Leandro; FERNANDES, Carlos Eduardo. *Lições da Bíblia para o sucesso no trabalho:* como os ensinamentos bíblicos podem ajudar você a vencer os desafios profissionais. São Paulo: Mundo Cristão, 2018. p. 21.

correto é manter-se em equilíbrio. "Quando o que precisam fazer excede suas capacidades, o resultado é ansiedade. Quando o que precisam fazer está aquém de suas capacidades, o resultado é o tédio. Mas, quando a combinação está correta, os resultados podem ser gloriosos."[37] Isso se aplica a negócios, fluxos empresariais e influência.

Com essa e outras circunstâncias, meu pai ganhou minha consideração devido à opinião certeira. Assim como nos negócios, a influência é precedida pela voz de autoridade no assunto, a qual não é advinda de lei ou cultura, mas do carisma, aquela autoridade conquistada no dia a dia, fruto das experiências.

O carisma tem como característica racional a fascinação que um indivíduo exerce sobre os outros por causa de seu conhecimento ou de seus resultados. Por exemplo, é isso o que as grandes marcas transmitem: ao usar um Rolex, por exemplo, você cria uma aura de poder e *glamour*, ou seja, acelera seu poder de influência em determinado grupo por meio do que já havia sido conquistado pelo produto em si.

Mas cuidado para não dar passos maiores que as pernas, pois o tombo pode ser grande. É necessário aprender a dizer vários nãos, inclusive não comprar um Rolex quando não se tem condições para tal. Nisso está a importância de ter um propósito, pois não há como falar "não" quando não se sabe para onde está indo ou o propósito de estar onde está, sem ainda identificar sua essência.

É claro que eu tinha um problema sério de identidade, fruto da rejeição que sofria por ser obeso e das inúmeras negativas para atuar que recebia no grupo de teatro. Por isso achei que, tendo algo, eu seria aceito. Ser influente, no entanto, é fruto do autoconhecimento, de saber o tamanho das suas pernas. Mais: é saber para onde dar os próximos passos sendo dono das próprias escolhas.

Com esse aprendizado, meu pai me capacitou a opinar em diversos casos profissionais, ganhando o respeito dos talentos e me tornando uma figura influente no mercado.

---

[37] PINK, Daniel H. *Motivação 3.0* – Drive: a surpreendente verdade sobre o que realmente nos motiva. Rio de Janeiro: Sextante, 2019.

O primeiro caso que cito como exemplo é referente a um contrato firmado entre Whindersson Nunes e uma agência de publicidade. Quando assumimos a carreira desse artista, vimos que o acordo entre as partes era desleal – não por má-fé da agência, mas por desconhecimento de quem assessorava o comediante naquele momento.

Esse foi nosso primeiro grande embate no mercado em prol de um cliente. Fomos até a agência e defendemos que gostaríamos de cancelar o acordo, pagando a multa. Estávamos seguros de que era a melhor saída, tínhamos o valor em caixa e sabíamos que, livres, poderíamos buscar uma nova negociação no setor.

Obviamente, no intuito de defender seus interesses, a agência contrapôs nossa ideia, dando início a um debate natural no mundo dos negócios. Porém, enquanto vivenciávamos essas idas e vindas de e-mails jurídicos, Whindersson nos apresentou uma paródia fenomenal – o que não seria um problema, não fosse a letra ligada ao mercado de atuação da marca com que negociávamos o possível distrato. Resultado: muita preocupação, a ponto de um dos sócios da nossa empresa dizer ao artista que não deveria lançar a faixa, pois daria "merda" no acordo.

Sem dúvida, Whind sempre teve sensibilidade para conteúdos que funcionavam, e à época ele firmou o pé dizendo que o lançaria. Naquele momento, eu estava em dúvida, mas pensei: *Na pior das hipóteses, pagamos a multa do contrato*. Então, eu me posicionei a favor do lançamento da paródia, embora àquela altura do campeonato ele já estivesse mesmo decidido. A paródia era "Qual é a senha do Wi-Fi", que virou seu primeiro sucesso.[38] O vídeo viralizou e o posicionou como uma das grandes promessas do YouTube.

Essa não teria sido uma decisão fácil se a multa fosse milionária, pois a necessidade pesaria na análise. No entanto, demos vazão à essência de Whind e, com uma estratégia em mãos, dissemos "não" a qualquer obstáculo, seguindo nossa intuição.

---

38 QUAL é a senha do Wi-Fi - paródia Adele - Hello. 2016. Vídeo (4min41s). Publicado pelo canal whinderssonnunes. Disponível em: https://www.youtube.com/watch?v=tWs1E2BfNZE. Acesso em: 3 mar. 2023.

Depois de inúmeras reuniões, dado o alcance do vídeo, o parceiro entendeu que os valores estavam bem abaixo dos praticados no mercado e fez uma proposta de ajuste, inserindo novos itens na negociação. Foi nossa primeira grande vitória: acertamos um primeiro acordo lucrativo para nosso cliente e ele percebeu que estávamos trabalhando pelo seu crescimento.

Outra situação com o mesmo artista: recebemos uma proposta acima dos valores usuais para realizar publicidade de um órgão público – era um valor muito alto, que deixaria qualquer um hesitante, inclusive Whindersson, que nunca se pautou por dinheiro. Nesses momentos é sempre bom dar um tempo e analisar a situação. Percebemos que o que estava em jogo era defender algo sobre o qual o artista não tinha domínio para debater. Seria um passo rumo ao desconhecido.

Dar um passo maior que a perna também está ligado a ser fiel a seu projeto de carreira e negócio, por isso afirmo que o "não" constrói mais sua autoridade que o "sim". Nesse caso, estávamos diante da seguinte questão: ganhar uma quantia alta, podendo arranhar a imagem do artista por falar sobre um assunto que não dominava, ou nos mantermos focados no projeto estabelecido, abrindo mão daquele montante.

Decidimos focar o projeto, não arriscando tudo por dinheiro. Foi a melhor decisão. Meses depois, saiu na imprensa quais artistas tinham aceitado a proposta e houve um cancelamento em massa nas redes. Ou seja, isso confirma que, antes de andar, é preciso avaliar o terreno e saber o tamanho da própria perna. Em qualquer negócio será preciso dizer "não" a diversas oportunidades que aparecerão parecendo positivas.

Ao olharmos para a história do profeta Daniel, constatamos os diversos "nãos" que ele teve que dizer para manter vivo o projeto de Deus em sua vida: falou "não" para o alimento da mesa do rei; "não" para deixar de adorar a Deus, tendo que enfrentar a cova dos leões; "não" para tudo o que o tiraria do propósito.

Não se trata de religião, mas do fato de que uma pessoa autêntica e segura pode dizer "não" em certas situações. Mas isso era fruto da experiência de Daniel na tribo de Judá, que o fazia ter certeza de que seus passos jamais seriam dados rumo a um lugar desconhecido. E foi falando diversos "nãos" que ele conquistou dez vezes mais capacidade

SABER *AONDE* SE QUER CHEGAR É TÃO IMPORTANTE QUANTO SABER *COMO* CHEGAR. ISSO LHE PERMITE TER CAPACIDADE PLENA PARA APROVEITAR OS BENEFÍCIOS DA VITÓRIA.

que os demais cidadãos e uma inteligência fora do normal, tornando-o o responsável pelos sábios da Babilônia e um dos homens mais influentes do mundo, a ponto de direcionar ações e decisões do próprio rei.

[**SER INFLUENTE SEMPRE SERÁ RESULTADO DA CORRETA APLICAÇÃO DE PRINCÍPIOS.**]

Se quer ser influente, precisa aprender a dizer "não" a propostas simplistas, desejos que lhe tiram o foco e tudo que o afasta de seu propósito. Dizer "não" é um passo necessário e que lhe gera autoridade.

> *Viver de acordo com sua paixão provavelmente vai exigir que você vá mais devagar do que desejaria. Com certeza você vai dizer mais "não" que "sim". Tome seu tempo; você se vende barato quando faz negócios que não gostaria. Lembre-se de que você só é bem-sucedido de verdade se vive inteiramente nos próprios termos.*[39]

Logo que me mudei de São Paulo para Palmas, eu queria gerar receitas na cidade onde morava: conhecendo pessoas, saí investindo em diversos projetos que batiam à minha porta. Essa pressa, ou esse passo maior que a perna, me fez perder uma quantia expressiva de tempo e dinheiro, pois eram negócios que eu não dominava.

Com isso, entendi que o passo maior que a perna se aplicava a tudo na vida: ainda que os resultados vislumbrados sejam promissores, devemos parar, analisar e, se não sentirmos paz nem firmeza, dizer não.

Thiago Nigro, tido como o maior educador financeiro do Brasil, certa vez afirmou que um dos grandes problemas é achar que nosso dinheiro pode nos fazer aproveitar todas as oportunidades. Às vezes, o

---

39 VAYNERCHUK, Gary. *Detonando!*: atraia dinheiro e influência fortalecendo sua marca nas redes sociais. Rio de Janeiro: Alta Books, 2018, livro digital.

investimento até cabe no bolso, mas nem todas as chances devem ser aproveitadas por nós – menos ainda aquelas que nos tiram o foco. Quando ouvi isso, dei um passo para trás e renunciei aos negócios que não estavam no rol de atuação; por mais rentável que tudo aquilo parecesse, precisava ser fiel a meu projeto de vida e dizer "não".

Aqui reside uma cilada bem comum: quando se busca constantemente construir mais patrimônio e não se tem tempo para ser feliz. A pessoa sonha em conquistar uma casa linda na cidade e, quando consegue, quer outra na praia; então, almeja uma propriedade na serra. Não bastasse tudo isso, começa a lutar por uma casa fora do país, numa corrida desenfreada atrás de ter mais e mais para ser feliz. Essa felicidade plena jamais chegará dessa maneira. O problema disso tudo é essas conquistas serem o motivador da felicidade num círculo vicioso, um verdadeiro estabelecimento de passos ilusórios.

Uma analogia para isso: o amanhã não existe, pois quando ele chega já é hoje. Não busque o que você não pode alcançar. Sua felicidade está no processo, não na conquista. Não viva um dia sem caminhar de forma equilibrada rumo a seu propósito. Quando almejamos fazer coisas que dificilmente alcançaremos, estamos nos movendo sem equilíbrio – e, para mim, sucesso é ter a vida equilibrada. Os nãos são as ações que mantêm o equilíbrio e geram a admiração do outro.

Pense: você recebe conselhos de pessoas desequilibradas? Acredito que não. Então, seja o equilíbrio que gera influência.

Retomando um pouco, eu moro na capital mais jovem do Brasil,[40] uma cidade única, limpa, planejada, bem cuidada e hospitaleira; entretanto, nosso estado sofre de um mal enraizado: a corrupção. Aqui no Tocantins apenas um governador eleito terminou seu mandato; todos os demais foram cassados.[41]

---

40 PALMAS: capital mais jovem do Brasil é também a mais saudável. *G1*, 14 jul. 2017. Disponível em: https://g1.globo.com/globo-reporter/noticia/2017/07/palmas-capital-mais-jovem-do-brasil-e-tambem-mais-saudavel.html. Acesso em: 3 mar. 2023.

41 EM 15 anos, 4 mandatos de governador não foram concluídos no Tocantins. *Agência Pública*, 13 out. 2022. Disponível em: https://apublica.org/2022/10/em-15-anos-quatro-governadores-nao-concluiram-os-seus-mandatos-no-tocantins/. Acesso em: 3 mar. 2023.

Embora não tenha estudo que afirme isso, acredito que seja fruto dos oportunistas que viram no novo Tocantins uma terra fértil para esse tipo de atuação. Eles, por exemplo, mudavam de endereço para poder ser candidatos, pensando ser mais fácil se eleger por um local que ainda está afirmando sua identidade.

Depois de alguns meses morando em Palmas, as pessoas começaram a falar que eu seria mais um desses oportunistas, pois não tinha motivo para um empresário de grandes artistas morar aqui. Isso me deixou mal e me fez entender a síndrome de inferioridade que existe no estado. Era comum escutar gente afirmar que ia cuidar da saúde em São Paulo ou Goiânia, por exemplo. Mas aqui encontrei um dos grandes *heads* da Non Stop, o terapeuta que tem me ajudado a ser cada dia melhor, uma grande profissional da estética, um grande talento como Alessandra Araújo, entre outros.

Ir a público defender os profissionais e o estado me trouxe muitos seguidores da região, mas também levantou a bola para os críticos que, por exemplo, diziam que eu estava ali para ser mais um candidato político. Não vou dizer que nunca serei candidato, até porque a maioria dos candidatos já afirmou isso um dia, mas hoje essa não é minha intenção.

Foi inclusive para demonstrar isso que tomei a decisão de não transferir meu título de eleitor para Tocantins, embora eu more em Palmas. Declarei isso e afirmei que só poderiam cogitar essa possibilidade de eu me candidatar quando eu mudasse meu título, mas que já assumia o compromisso de avisar publicamente.

Eu tive que dizer "não" à possibilidade de eleger representantes locais em prol de continuar valorizando as pessoas desse estado, mostrando que moro no melhor lugar do Brasil, onde também vivem grandes personalidades que fazem a diferença.

O que busco com esses exemplos é demonstrar que todos os passos precisam ser contextualizados, deixando claro que não devemos nos esquecer do ímpeto de atingir lugares inimagináveis, mas sem nos perder nessa trajetória. Temos de ser estratégicos, pois caminhar é ser simples e óbvio.

> *Quando você quiser a melhor chance de obter êxito em qualquer coisa que deseja, o caminho a seguir é sempre o mesmo: seja simples. "Ser simples" é ignorar todas as coisas que você poderia fazer, preocupando-se com o que deve fazer. É reconhecer que nem tudo tem a mesma importância e descobrir as coisas que são mais importantes. É conectar com mais vigor o que você faz com o que você quer. É compreender que resultados extraordinários são diretamente determinados por quão específico você pode tornar seu foco.*[42]

Assim que você aprendeu a andar e quis correr, levou alguns tombos e se machucou. O objetivo de meu pai ao me ensinar a pensar nos passos que eu daria era que eu não acelerasse nenhum processo, que tivesse cuidado para não me machucar, que soubesse que respeitar o tempo de cada coisa é fundamental.

Hoje sou eu que digo: influência exige tempo, respeito aos processos. Devemos ser como crianças que perguntam tudo e se calam quando não sabem o que dizer, que entendem as regras e os momentos certos para agir.

Este capítulo não trata de indicar que você pare ou vá devagar; é uma chamada para o leitor ter total atenção nos grãos que quer comer, dizendo "não" para o que for irrelevante em seu processo de crescimento.

> *Quando éramos crianças, em geral, fazíamos as coisas que precisávamos quando chegava a "hora de fazê-las". Hora de tomar café da manhã. Hora de ir à escola, hora da lição de casa, hora de cumprir os afazeres, hora do banho, hora de dormir. Depois, conforme crescemos, ganhamos uma margem de arbítrio. "Você pode sair para brincar se terminar sua lição de casa antes do jantar."*

---

42 KELLER, Gary; PAPASAN, Jay. Op. cit., livro digital.

NÃO BUSQUE O QUE VOCÊ NÃO PODE ALCANÇAR. SUA FELICIDADE ESTÁ NO PROCESSO, NÃO NA CONQUISTA. NÃO VIVA UM DIA SEM CAMINHAR DE FORMA EQUILIBRADA RUMO A SEU PROPÓSITO.

> *Mais tarde, por sermos adultos, tudo ficou arbitrário. Tudo virou escolha nossa. E, quando nossa vida é definida por nossas escolhas, a questão mais importante é: como fazer boas escolhas? O complicado é que, quanto mais o tempo passa, parece que mais coisas do tipo "simplesmente têm que ser feitas" se acumulam. Atarefados demais, ocupados demais, compromissados demais. "Sempre atrasados" torna-se, esmagadoramente, nossa condição coletiva.*[43]

Por muitas vezes me vi tentado a sair de Palmas, fosse por receber propostas de trabalho, fosse por ouvir amigos rindo diante das piadas sobre eu morar no fim do mundo e não crescer ainda mais na área profissional. Confesso que me machucou, cheguei a considerar que eles estivessem certos; ao mesmo tempo, sempre que chegava em casa, eu entendia que Deus estava me preparando para viver meu propósito, que Ele tinha escolhido Palmas para me tratar e ensinar os dois pilares de sustento de qualquer cristão: Deus e família. Sair de Palmas seria o mesmo que sair da escola antes de me formar, aceitar propostas que me tirariam do propósito, dar um passo maior que a perna – afinal, voltei a ser como criança para me curar, tornando-me dependente de Deus e da equipe que Ele colocou em minha vida.

Por isso, ainda moro em Palmas, mas sei que provavelmente passarei um período em outra cidade ou até mesmo fora do país; de todo modo, minha eventual saída será um até breve, pois aqui foram fincadas minhas raízes de homem transformado.

Nada como escrever um livro enquanto vivo as transformações que busco ensinar. Agora, enquanto finalizo este capítulo, por exemplo, estou em Paris acompanhando Whindersson Nunes em nossa quarta turnê pela Europa. Ele está no auge do sucesso: crescemos em todos os sentidos ao darmos passos calculados.

---

[43] Idem. Op. cit., livro digital.

No caminho do aeroporto para o hotel, dentro da van, eu estava quase pegando no sono e escutei um técnico novo brincando que ir às lojas era cansativo. Foi uma forma de desmerecer minha função ali, insinuando que eu não tinha utilidade. Por um segundo, pensei em responder, mas me segurei ao lembrar que os passos devem ser calculados, cabendo somente a quem os calculou manter-se firme no propósito.

Aproveito para comentar a história de José, que, ao encontrar seus irmãos, depois de gritar como forma de expulsar angústias e dores, decidiu chamá-los para perto, não jogar neles a culpa por terem-no vendido para o Egito, fazendo com que se tornasse escravizado e fosse preso.

> *"Cheguem mais perto", disse José a seus irmãos. Quando eles se aproximaram, disse-lhes: "Eu sou José, seu irmão, aquele que vocês venderam ao Egito! Agora, não se aflijam nem se recriminem por terem me vendido para cá, pois foi para salvar vidas que Deus me enviou adiante de vocês"* (**GÊNESIS 45:4-5**).

Aquele técnico estava ali, naquela viagem internacional, porque em 2016 nós fomos para o velho continente com objetivo de divulgar Whind. Passamos dias e horas percorrendo todos os canais de televisão, rádios, programas de internet; trabalhamos demais para chegar aonde estamos. Só que nada do que eu explicitasse mudaria o que ele havia dito, apenas geraria um desequilíbrio na equipe.

Devemos aprender a dizer "não" para todo passo que tira nossa paz, dizer "não" para pessoas cuja opinião não nos importa, pois elas não conhecem nossa história e querem continuar sendo alguém que se preocupa com a piada, que desvaloriza o outro por não valorizar a si próprio. Naquele momento eu disse "não" a meu ego, e falei "sim" para este livro. Muitas vezes no passado eu respondi, quebrei a paz, me arrependi e senti vergonha.

Perceba que os passos errados se aplicam a todas as fases da vida, que são os impedimentos do estabelecimento de sua influência. Quanto mais caminhar no seu propósito, mais você vai se fortalecer, mais vai se encher de autenticidade e mais vai gerar valor para o próximo, inclusive para aqueles que não o valorizam.

Qual será seu próximo passo? Não deixe de caminhar, mas não deixe de fazer cada coisa no tempo certo, dizendo "não" para tudo o que atrapalhe sua preparação.

> 1) *Seja simples. Não se preocupe em acumular tarefas; foque em ser produtivo. Permita que apenas o mais importante direcione seu dia. 2) Vá ao extremo. Quando descobrir o que é realmente relevante, continue perguntando o que mais importa, até que sobre apenas uma coisa. A atividade central tem de estar no topo da sua lista de sucesso. 3) Diga "não". Não importa se você diz "depois" ou "nunca", a ideia é dizer "agora não" para qualquer coisa que você poderia fazer em vez de concluir o que é mais importante. 4) Não se prenda ao jogo do "ok, feito". Se acreditamos que as coisas não importam igualmente, temos de agir desse modo. Não podemos ser direcionados pela ideia de que tudo tem de ser feito, eliminando itens da lista, e de que isso é o que traz o sucesso. Não podemos ficar presos nesse jogo que nunca produz vencedores. A verdade é que as coisas têm mesmo valores diferentes, e o sucesso vem quando nos preocupamos com o que é mais importante.*[44]

---

44 KELLER, Gary; PAPASAN, Jay. Op. cit., livro digital.

AÇÃO 5
NÃO SE DEVE DAR UM PASSO MAIOR QUE A PERNA

Toda ação deve ser pensada. Tudo que você faz precisa ter sentido, não apenas emoção. Existe um poder no *não*. Liste no espaço a seguir três coisas importantes no seu dia. Diga "não" para o restante.

_____

_____

_____

Qual é a sua meta? Diga "não" para tudo que o desvie dela. Para isso, no quadro a seguir, faça uma lista com 10 coisas para as quais você precisa dizer "não", pois vão desviá-lo de onde deseja chegar.

PARA O QUE DIZER "NÃO"?

PRINCÍPIO 6

CADA MACACO
NO SEU GALHO

Ter foco é fundamental, mas existe algo ainda mais importante: saber o que focar. E somente se tem o entendimento correto disso com autoconhecimento, reconhecendo suas habilidades, metas e em qual contexto e posição quer atuar. Ninguém sabe tudo e ninguém faz nada sozinho.

Como eu disse no início deste livro, o espetáculo não é apenas reflexo do trabalho do artista no palco, mas de uma infinidade de profissionais por trás dos holofotes, que decidiram ser suas melhores versões.

> **A INFLUÊNCIA É CONQUISTADA POR PESSOAS QUE CONSTRUÍRAM AUTORIDADE AO SEREM AS MELHORES VERSÕES DE SI MESMAS NO DECORRER DE SUAS HISTÓRIAS, MOSTRANDO-SE AUTÊNTICAS E RESPONSÁVEIS E POTENCIALIZANDO TODOS OS DIAS SEUS PONTOS FORTES.**

Como o leitor deve ter percebido com tudo o que contei até aqui, eu sempre soube me virar, fazendo o necessário para manter vivo meu projeto de vida. Nessa luta, fui trabalhar com meu pai na Mister Lanches, em Juiz de Fora. Ele já tinha decidido se aposentar e viver da renda de seus imóveis, mas algo saiu do controle: seu principal inquilino não arcava com o aluguel havia alguns meses. Como saída, seu Antônio vislumbrou fazer o que sabia realizar de melhor: voltar para o comércio. Decidiu se tornar sócio de uma lanchonete no centro da cidade e usou um apartamento como parte do investimento.

Senti que não poderia deixar meu pai sozinho nessa, então me coloquei à disposição para estar com ele no projeto emergencial, que, afinal, também poderia ser uma oportunidade para mim. Passamos ali cerca de dois anos, mas quis Deus que as finanças se equilibrassem. Seu Antônio já não sentia mais prazer naquilo, embora fosse extremamente rentável. De minha parte, não vou mentir que rentabilidade em qualquer coisa chama a minha atenção, pois se trata de uma métrica fundamental para o empreendedor.

Foi nesse período que vivemos um dos momentos mais difíceis da vida: meu pai foi diagnosticado com câncer de próstata. Nosso mundo caiu. Eu o acompanhava nas consultas, e em uma delas o médico chegou a dizer que a cirurgia era o caminho e que era urgente. Entramos no carro, meu pai cabisbaixo começou a dividir os bens e eu fui refutando tudo o que ele dizia, mas me comprometi a cuidar da lanchonete durante aquele período. Senhor Antônio foi internado e operado. O procedimento e sua recuperação foram um sucesso, e ele se viu livre do câncer.

Enquanto isso, fiquei na lanchonete; ao fim do mês, tocando sozinho o negócio, eu me vi fracassado, pois toda a rentabilidade tinha se esvaído. Chorei por não estar à altura do meu pai, por ter pecado em diversos fatores, ter comprado em excesso, ter aumentado o desperdício e, principalmente, por não poder contar aquilo para ele. Não tivemos prejuízo, mas também não obtivemos lucro em um negócio que sempre fora lucrativo. Só quando ele de fato melhorou eu fui conversar, expor a situação. Com muita calma, ele disse: "Alec, que bom que num teve prejuízo. Você não sabe como fazer as coisas no comércio, tem muitos detalhes, só parece fácil, mas nada na vida é fácil. O comércio é fácil para mim, que vivo nele há 35 anos. Sou macaco velho. Meu filho, na vida é cada macaco no seu galho, o comércio é o meu galho... o seu é outro". Uma lição emocionante. Sou grato a Deus por ter meu pai me ensinando e me

TER FOCO É
FUNDAMENTAL,
MAS EXISTE
ALGO AINDA MAIS
IMPORTANTE:
SABER NO
QUE FOCAR.

amando, me mostrando que, se quisermos ter sucesso na vida, devemos saber em qual galho atuar.

> **EMPENHE-SE EM SER O MELHOR NO SEU GALHO, NO SEU RAMO, CONHECENDO CADA CENTÍMETRO DELE, SABENDO OS PONTOS DE ENVERGADURA E DE FORTALEZA.**

No universo digital, esse ensinamento tem força, pois há um paradoxo interessante: quanto mais temos acesso a diversos conteúdos, mais queremos nos fechar em comunidades. O avanço da comunicação virtual acelerou nossa evolução em relação ao que queremos e a como queremos.

Não conhecer seu nicho, não aprofundar conhecimentos, gera sérios danos, inclusive a sensação de fracasso. Eu me senti impotente no caso da lanchonete, pensei em jogar tudo para o alto e nunca mais empreender. Mas seria justo me julgar dessa forma em algo que não domino? Pois é, muitos negócios acabam não por incompetência geral, mas pelo fato de as pessoas não atingirem seus objetivos por estarem nos "galhos" errados.

Se costumamos ouvir algo como "quanto mais conhecimento, melhor", pensemos em adaptar para "quanto mais conhecimento na sua área, melhor". Aprofunde-se no que importa, foque o que o faz ser cada dia mais assertivo, perito e gerador de valor único para clientes e público.

Reflita comigo: caso tenha um problema na coluna, vai procurar o ortopedista ou o clínico geral? Embora os dois tenham capacidade profissional de atendê-lo, acredito que se consultará com o especialista da área. Damos mais valor a opiniões e análises emitidas por especialistas. Gary Vaynerchuk aborda isso bem no livro *Detonando!*: "Não é difícil entender por que tantos falham. Em geral, é por que estão colocando energia nas coisas erradas".[45]

---

45 VAYNERCHUK, Gary. Op. cit., livro digital.

Essa foi uma sacada que levei para a gestão de carreiras. Quando você analisa nossos grandes talentos, nota que batalhamos para sermos multiplataforma, estarmos presentes em diversas redes sociais. É algo essencial para a longevidade. Ao mesmo tempo, temos como foco posicioná-los como especialistas em determinada plataforma ou linguagem.

Começamos a trabalhar com Carlinhos Maia no início da carreira dele. Vimos que a linguagem era típica de novela e cunhamos o título de rei do Instagram; com isso, nós o posicionamos como alguém superimportante na plataforma. Não foi diferente com Whindersson, nosso rei do YouTube. Essa era a forma de informar o nicho deles no momento.

Foi pensando assim que avançamos em um dos maiores desafios da empresa: um artista chamado Tirullipa. Tiru, jeito carinhoso como o chamamos, sempre foi muito talentoso e passou por diversos canais de televisão. Quando começamos as negociações para assumir a gestão de sua carreira, nós nos assustamos com o seu faturamento, extremamente alto. Mas o que levava um artista do porte financeiro dele a querer estar conosco? Ele queria ir além, pretendia dar um passo grande e sabia que não conseguiria sozinho. Almejava ser uma referência nacional no humor.

Em realidade, ele sempre foi referência para vários humoristas, inclusive para Whindersson Nunes e Carlinhos Maia, mas sua comunicação não era assertiva. Foi este o desafio que encaramos: nacionalizar seu nome sem perder receita e faturando de uma forma que ele não pensasse que estaríamos ganhando valores que ele já possuía sem nós. Montamos um planejamento que passava por realizar eventos em outros estados, difundir seu conteúdo nas redes sociais e criar pontos de conexão com outros talentos. Mas tudo isso precisava de um mote, do nicho que o levaria a entrar em novos canais de comunicação.

Analisando todo o material, principalmente seu espetáculo, vimos que ele sempre havia sido o motivador de muitas paródias – estava aí um ponto forte. Nossa estratégia era usá-las, então, em todas as oportunidades. Nas entrevistas concedidas ele cantava, e seu canal no YouTube teve como foco paródias de músicas que faziam sucesso à época. Toda a comunicação o considerava o rei das paródias.[46]

Assim, Tirullipa foi crescendo e expandindo sua área de atuação a ponto de hoje ser um dos nomes mais conhecidos e admirados do Brasil. Pois é, esse macaco ocupou um galho certo, adequado para subir ainda mais alto na árvore. "Encontre o nicho no qual você é muito bom e explore isso repetidamente até expandir devagar."[47]

Se for analisar, todas as pessoas influentes têm claras suas áreas de domínio – o próprio Whindersson se tornou conhecido por conteúdos que mostravam sua convivência com os pais. Mais que isso: suas piadas eram parte da cultura educacional de uma região do país. Hoje ele fala para muitos, mas começou tendo um público específico, influenciando por navegar em águas que dominava. Vale a pena maratonar seus espetáculos como forma de análise prática deste capítulo: *Marminino* (2016), *Proparoxítona* (2017), *Adulto* (2019) e *É de mim mesmo* (2022).

Tendo claro um nicho, conseguimos ser mais precisos em termos de conhecimentos e no entendimento de como chegar a quem queremos atingir, acelerando a aprendizagem sobre os temas que geram influência. Foi por entender esse conceito que nunca tive medo de me associar a outras pessoas, pois o que para muitos é divisão para mim é soma. Um sócio com habilidades distintas da sua pode ser o que torna a empresa mais valiosa.

Durante um período, patinamos para que a empresa de educação do grupo obtivesse resultados – foram anos tentando fazer as coisas conforme a mente de gestores de carreiras que éramos –, até que percebi que o negócio não dava prejuízo, mas também não lucrávamos com ele. Como a lanchonete de meu pai. O grupo decidiu me colocar nessa operação. Com isso, não demorou um mês para confirmarmos o

---

[46] FELIX, Philippe. Tirullipa apresenta show de humor exclusivo no Theatro Via Sul Fortaleza. *Conceituado*, 19 out. 2022. Disponível em: https://www.conceituado.com/agenda/humor/tirullipa-apresenta-show-de-humor-exclusivo-no-theatro-via-sul-fortaleza/. Acesso em: 3 mar. 2023.

[47] VAYNERCHUK, Gary. Op. cit., livro digital.

TENDO CLARO UM NICHO, CONSEGUIMOS SER MAIS PRECISOS EM TERMOS DE CONHECIMENTOS E NO ENTENDIMENTO DE COMO CHEGAR A QUEM QUEREMOS ATINGIR.

que já sabíamos: embora o galho fosse forte, robusto, estávamos no galho errado.

Como líder, fui buscar ajuda em uma empresa que nos propôs uma troca: eles nos orientavam quanto ao mote da nossa organização e nós trabalharíamos a gestão de carreira deles. Acordo fechado, mãos à obra. Importante ressaltar que meus sócios confiaram em meu trabalho, acatando minhas ideias.

Quando entende esse conceito, você não somente se aprofunda, como também alinha seu foco e passa a valorizar quem atua bem nos nichos complementares aos seus. Os novos integrantes da equipe provaram seu valor logo na primeira reunião da parceria, em que discutimos sobre duas reconhecidas jornalistas de política. Elas tinham em mente lançar um curso e argumentavam que o público seria gigantesco. Lucas, nosso novo parceiro, fez uma pontuação crucial: "Por que não um curso sobre jornalismo político?". Elas responderam que o público era pequeno, muito nichado. Não sabiam, porém, que era a resposta que ele queria ouvir, pois naquele mercado esse era o ponto fundamental para vender e obter sucesso.

Não restava dúvida de que precisávamos nichar para escalar. Assim fizemos, e o resultado foi bem acima do esperado. O nicho diminui o público em potencial, mas maximiza a capacidade de valorização. Esse *case* nos deu uma noção de que éramos bons em carreiras, negócios, unir pontas, mas não dominávamos a educação a distância, o que nos motivou a fazer uma proposta de fusão. Assim surgiu a VK Digital, responsável por vários produtos de sucesso e cobiçada por grandes *players* do mercado.

Agora, pergunto: fracassamos no início da empresa? Não, só podemos falar em fracasso enquanto empreendedores naquilo que dominamos – antes disso, o fracasso é de autoconhecimento, não de empreendimento. Por isso, é importante se encontrar o mais rápido possível, buscando identificar as peças que faltam no quebra-cabeça ou abrir mão da montagem e assumir que ele não é para você.

Foi o que fiz depois de passar vergonha com uma *startup* que lançamos. A empresa estava no meu campo de influência e era fruto da ideia de meu sócio Kaká Diniz: nós conectávamos microinfluenciadores a marcas. Bancamos o desenvolvimento, tínhamos um protótipo e começamos a divulgar para parceiros. Um deles logo se interessou em adquirir *equity* do *app*.

Nós nos empolgamos e passamos a trabalhar o acordo. Foram inúmeras as reuniões em que defendemos o produto que tínhamos em mãos, que valeria muito mais do que o que eles queriam pagar. Entre idas e vindas, chegamos a um acordo. O investidor era da área de tecnologia, e depois da negociação alinhada eles começaram a ver a parte tecnológica que vendemos.

Passados alguns dias, recebi um surpreendente áudio do CEO do grupo investidor: nós não tínhamos a propriedade intelectual do aplicativo, ou seja, não tínhamos nada, pois ele havia sido desenvolvido em cima de uma base já existente.

Quem é da área de tecnologia deve pensar no quanto fomos imaturos, e eu tenho que concordar, pois era algo óbvio para quem vive nesse galho, mas não para mim, que vivo no galho da influência. Até hoje me ressoa a voz de meu pai: "Alec, cada macaco no seu galho". A vergonha foi grande, mas que bom que aconteceu com uma pessoa que me conhecia e sabia de minha idoneidade. A situação toda nos uniu ainda mais. O negócio não foi fechado, e eu tomei a decisão de jamais investir em tecnologia sem alguém da área; mais que isso, nunca investir sem um conhecedor do mercado de investimentos em *startups*. Foi assim que vieram os sócios especialistas e o crescimento do negócio.

Eu saí do negócio que não dominava. Hoje tenho clareza de que posso atuar na comunicação, abordar influenciadores, investir, mas jamais darei opinião sobre qualquer ajuste técnico referente a tecnologia e uso de investimentos. Já aprendi em que posição consigo ajudar meu time a ser campeão.

Entender isso também foi fundamental para o sucesso da Non Stop, pois sempre buscamos grandes parceiros para somar aos projetos – foi assim no filme *Os parças*. Cinema é diferente de internet, e seria arriscado demais colocar nossos talentos nesse ambiente sem uma equipe especialista em tal linguagem. Diante da necessidade, procurei a Formata, empresa da experiente Dani Busoli, para pensar em um filme para nossos talentos.

O NICHO DIMINUI
O PÚBLICO EM
POTENCIAL,
MAS MAXIMIZA
A CAPACIDADE
DE VALORIZAÇÃO.

Cada um no seu quadrado potencializa o todo, o torna referência e traz melhores resultados.

Importante ressaltar que viver no galho certo não é impedimento para ocupar outros galhos que você vislumbre como oportunidade, mas saiba o momento e com quais especialistas ocupar esses novos espaços. Além disso, sugiro fazer esse movimento quando seu galho já estiver fortalecido.

Seria incoerência minha dizer que devemos ficar somente no nosso galho, pois o que faço ao escrever este livro é testar um campo diferente; no entanto, afirmo que tenho cautela, sempre escutando as pontuações da editora, escrevendo sobre um assunto que eu domino, embasado por histórias que vivenciei e validei no universo de negócios e marketing de influência.

Além disso, estas páginas são uma ferramenta importante na ocupação desse novo galho, embora sejam apenas uma das ações do Alex empreendedor, que agora é produtor de conteúdo em suas redes, professor e palestrante. Ao testar esse novo galho, eu levo meus contatos, mas não todo o meu conhecimento, pois parte dele não serve, cabendo a mim aceitar o processo de aprendizagem, seguindo a vida como um aprendiz.

Enfim, busque novos galhos, sim, mas na certeza de que o galho que o sustenta agora continuará bem cuidado, pois todos nascem frágeis e se fortalecem com zelo no decorrer do tempo. E, antes, questione-se: eu sei claramente qual é meu nicho?

Acredito que agora você começará a ver mais sentido em toda exposição que faço sobre a influência: começando pelo propósito, permitindo se empolgar como uma criança animada, valorizando as diferentes pessoas que estão com você e que vão escutá-lo, sabendo que sua verdade o conectará com elas e que a atenção no processo o permitirá ser assertivo na evolução, não dando passos que o desequilibrem e o derrubem. Todo negócio, toda carreira, começa de dentro para fora, de pequeno para grande, de específico para genérico, de um produto-chave para uma gama de produtos.

AÇÃO 6
CADA MACACO NO SEU GALHO

Neste capítulo, procurei fazer você entender a importância de atuar naquilo que domina. Para identificar qual o seu propósito e qual o seu "galho", responda às questões a seguir.

Do que você gosta de falar?
_____
_____
_____
_____
_____
_____

O que as pessoas veem em você?
_____
_____
_____
_____
_____
_____

Qual é o seu nicho de atuação?
_____
_____

Pense em um ultranicho dessa área do qual você é autoridade e descreva-o.

_____
_____
_____

Você está atuando dentro da sua área de domínio?
☐ Sim.   ☐ Não.

Esses questionamentos são importantes para você averiguar se está no caminho certo. Muitas pessoas falham por direcionar energia para o lugar errado; outras desistem no tempo de maturação. Existe uma grande diferença entre esperar o tempo da colheita e ter plantado a semente errada. Influência é sobre ultranicho, e você precisa descobrir qual é o seu. Todo mundo que domina um nicho grande começou em um pequeno. Tenha visão de longo prazo e viva o processo.

Agora responda: qual será o *seu* ultranicho?

_____
_____
_____
_____
_____
_____

PRINCÍPIO 7

COMPRE O QUE PODE PARA CHEGAR AONDE QUER

Meu pai sempre se orgulhou de tio Waltamir, irmão dele que se tornou juiz federal. Mas há algo de que o senhor Antônio se orgulha muito mais que do cargo em si: o fato de ele mesmo ter sido mentor de meu tio.

Foram diversas as vezes que meu pai o socorreu financeiramente, emprestando dinheiro para comprar algo ou investir nas filhas. Em uma dessas ocasiões, senhor Antônio perguntou o motivo de meu tio viver em um imóvel alugado, e com uma calma peculiar o irmão respondeu que queria morar em uma cobertura, mas, como não tinha dinheiro para comprar, preferia não adquirir imóvel nenhum até conseguir aquilo com que sonhava.

"Waltamir, a gente compra o que pode para chegar aonde quer." Essa fala deixou meu tio pensativo, que, não muito depois, comprou a residência em que morava com a família. Poucos anos se passaram e, com a valorização do imóvel, ele o negociou como boa parte do pagamento da cobertura com que tanto sonhava – a outra parcela foi emprestada pelo meu pai.

A lição que fica do que o senhor Antônio transmitiu é um dos pontos cruciais na vida: o planejamento. Você pode ter todas as características citadas na história, mas, se não se planejar, não tiver um plano de ação, nada sairá do papel e continuará não pondo em prática a melhor versão de si mesmo. Eu, por exemplo, não tinha o sonho de ser panfleteiro, mas sabia que esse passo se fazia necessário para que eu conseguisse, depois, atuar com empreendedorismo em entretenimento. Minha carreira dos sonhos não sairia do papel se eu não a convertesse em ações.

Certas pessoas precisam de um *insight* para dar passos que mudarão sua vida e a de sua família; aliás, esse é o intuito deste livro: revelar questões que já estão em sua mente, mas não organizadas a ponto de capacitá-lo para a ação necessária. E planejar é se preparar para ultrapassar estágios, entender os processos, suas nuances, agindo em um rumo programado. É o que mantém a chama do coração acesa enquanto não se está vivendo o que ama.

Nesse ponto muita gente peca pela falta de planejamento. Muitas vezes, queremos morar na cobertura, mas não nos sujeitamos a viver em casas simples; sonhamos em voar de avião, porém não queremos andar de ônibus; almejamos nossos negócios próprios, sem pretender ser funcionários de ninguém antes. A vida é feita de etapas.

Certa vez, eu estava panfletando vestido de palhaço e encontrei um amigo que também era ator. Ele, então, me pediu 200 reais emprestados para viajar para o Rio de Janeiro e participar de uma audição na Globo. Achando que seria uma boa oportunidade, eu o convidei para panfletar no outro dia, vestido de palhaço, e ganhar o valor que garantiria tal viagem. Entretanto, o rapaz não quis, afirmando ser ator de palco, não palhaço de rua. Provavelmente ele esqueceu que estava falando com um amigo de palco que encarava o estágio necessário para a realização de seu projeto. Resumo: ele não conseguiu o dinheiro, não foi fazer o teste e até hoje leva uma vida medíocre. Será que já pensou que pode ter perdido a oportunidade da vida dele?

> **QUEM QUER TER A OPORTUNIDADE IDEAL DEVE APROVEITAR AS CHANCES QUE SURGEM.**

Só tem essa visão quem vislumbra seu mapa de jornada na mente e no coração. Na mente, para ser racional; no coração, para manter a chama ardendo e o impulsionando todos os dias. Não chegamos ao topo sem plano de escalada, que nos faz inclusive vencer o incontrolável no trajeto, pois nos permite ter uma visão abrangente, uma análise de eventuais oportunidades e ameaças. A jornada pode ser imprevisível, mas é calculada; desconhecida, porém planejada.

> *Não escreva um livro, mas uma página. Não crie a apresentação inteira, apenas um slide. Não espere ser um ótimo gerente nos primeiros seis meses, apenas defina bem as expectativas. Escolha uma meta pequena e possível e siga em frente. Depois prossiga.*[48]

Mas isso se aplica a influência? Sim, e a tudo na vida.

Já notou como Thiago Nigro se veste hoje? Esse especialista de finanças que é tido como o maior influenciador do país na área anda de moletom e chinelo por vários lugares. Talvez você sonhe em ter essa liberdade também, mas eu o convido a assistir ao primeiro vídeo do canal *O Primo Rico*, no qual Thiago demonstra timidez e traja uma camisa social. No início foi bom se vestir como os demais educadores financeiros, pois ele precisava daquilo para inspirar confiança – daí a necessidade de viver o que precisa para viver o que se ama. É claro que isso foi fruto do planejamento.

> *Eu acho que tem uma parada que as pessoas disseminam hoje e de que eu discordo muito: cara, você tem que ser você mesmo, tem que fazer o que você ama, encontre a sua paixão e tudo mais, e eu acho isso bullshit. Eu trabalho com investimentos, eu atendia a clientes. Se eu chegasse para um cara de 70 anos do jeito que eu me visto hoje, ele ia falar assim: "O que é isso, moleque?". Eu não era o cara do terno, eu sou esse cara.*

---

[48] BREGMAN, Peter. How to Escape Perfectionism. *Harvard Business Review*, 1º set. 2009. Disponível em: https://hbr.org/2009/09/how-to-escape-perfectionism.html. Acesso em: 3 mar. 2023.

> *Mas entendo que, por uma fase na vida, eu ralei. Eu acho que você pode fazer o que você não ama, fazer algo que não é você, desde que não fira seus princípios e que seja algo temporário. Até você encontrar de fato o que ama e possa fazer isso.*[49]

Assim funciona a construção de uma carreira.

Certa vez, vi uma especialista se negar a participar de uma *live* com determinada pessoa pelo fato de ser alguém com uma audiência pequena; no entanto, era essa a estratégia desenvolvida por nossa competente assessoria de imprensa. Ninguém sabia que aquela rede pequena era fonte de um grande veículo de comunicação, que estar ali tinha o único objetivo de chamar a atenção da editora desse canal. Ao não aceitar, foi-se a chance – ou o caminho para chegar ao objetivo tornou-se consideravelmente mais longo.

Planejamento é criar estágios e se manter disciplinado para fazer o que se precisa, não apenas o que se quer, inclusive passar por caminhos já demarcados por sábios mentores ou especialistas, como foi o caso citado da assessoria de imprensa.

E vencem aqueles mais fiéis ao próprio projeto de vida, aceitando que no percurso algumas pessoas tentarão nos desanimar e nos menosprezar. Receberemos comentários negativos e ouviremos diversos "nãos", mas tudo isso é transponível se nos mantivermos focados em dizer "sim" para a felicidade, os sonhos e, mais que isso, ao nosso projeto de vida.

Sou fã da história do profeta Eliseu, que decidiu viver intensamente o processo até mesmo quando seu mentor lhe disse para parar. Ele respondeu que não, pois em seu coração jamais houve qualquer possibilidade de desistir antes de conseguir a porção dobrada de unção que tanto desejava.

---

49 THIAGO NIGRO. 7 maio 2021. Instagram (vídeo): thiago.nigro. Disponível em: https://www.instagram.com/reel/COlBnMCH8YG/?igshid=YmMyMTA2M2Y=. Acesso em: 3 mar. 2023.

PROPÓSITO NÃO É FAZER O QUE SE AMA, MAS SER FIEL AO PLANEJAMENTO PARA VIVER DO QUE SE AMA.

Quando o Senhor levou Elias aos céus num redemoinho, aconteceu o seguinte: Elias e Eliseu saíram de Gilgal, e no caminho disse-lhe Elias: "Fique aqui, pois o Senhor me enviou a Betel". Eliseu, porém, disse: "Juro pelo nome do Senhor e por tua vida, que não te deixarei ir só". Então foram a Betel. Em Betel os discípulos dos profetas foram falar com Eliseu e perguntaram: "Você sabe que hoje o Senhor vai levar para os céus o seu mestre, separando-o de você?". Respondeu Eliseu: "Sim, eu sei, mas não falem nisso". Então Elias lhe disse: "Fique aqui, Eliseu, pois o Senhor me enviou a Jericó". Ele respondeu: "Juro pelo nome do Senhor e por tua vida, que não te deixarei ir só". Desceram então a Jericó. Em Jericó os discípulos dos profetas foram falar com Eliseu e lhe perguntaram: "Você sabe que hoje o Senhor vai levar para os céus o seu mestre, separando-o de você?". Respondeu Eliseu: "Sim, eu sei, mas não falem nisso". Em seguida Elias lhe disse: "Fique aqui, pois o Senhor me enviou ao rio Jordão". Ele respondeu: "Juro pelo nome do Senhor e por tua vida, que não te deixarei ir só!". Então partiram juntos. Cinquenta discípulos dos profetas os acompanharam e ficaram olhando a distância, quando Elias e Eliseu pararam à margem do Jordão. Então Elias tirou o manto, enrolou-o e com ele bateu nas águas. As águas se dividiram, e os dois atravessaram a seco. Depois de atravessar, Elias disse a Eliseu: "O que posso fazer por você antes que eu seja levado para longe de você?". Respondeu Eliseu: "Faze de mim o principal herdeiro de teu espírito profético". Disse Elias: "Você fez um pedido difícil; mas, se você me vir quando eu for separado de você, terá o que pediu; do contrário, não será atendido". De repente, enquanto caminhavam e conversavam, apareceu um carro de fogo, puxado por cavalos de fogo, que os separou, e Elias foi levado aos céus num redemoinho. Quando viu isso, Eliseu gritou: "Meu pai! Meu pai!

Tu eras como os carros de guerra e os cavaleiros de Israel!". E quando já não podia mais vê-lo, Eliseu pegou as próprias vestes e as rasgou ao meio. Depois pegou o manto de Elias, que tinha caído, e voltou para a margem do Jordão. Então bateu nas águas do rio com o manto e perguntou: "Onde está agora o Senhor, o Deus de Elias?". Tendo batido nas águas, essas se dividiram e ele atravessou. Quando os discípulos dos profetas, vindos de Jericó, viram isso, disseram: "O espírito profético de Elias repousa sobre Eliseu". Então foram ao seu encontro, prostraram-se diante dele e disseram: "Olha, nós, teus servos, temos cinquenta homens fortes. Deixa-os sair à procura do teu mestre. Talvez o Espírito do Senhor o tenha levado e deixado em algum monte ou em algum vale". Respondeu Eliseu: "Não mandem ninguém" **(2 Reis 2:1-16)**.

Perceba que a lição dessa história é a seguinte: tenha resiliência para não parar a caminhada diante das dificuldades, além de foco para dizer "não" quando necessário, atenção plena para ouvir o que é importante, disciplina para seguir os passos e fé para viver o inimaginável. Quando se tratar do projeto de sua vida, seja como Eliseu, que não desiste mesmo quando lhe dizem "não", pois, ainda que o processo seja pesado, a promessa está de pé e quem lhe prometeu é fiel para cumprir.

Quando eu tinha 15 anos, um primo do Rio de Janeiro nos visitou e eu estava em casa me preparando para trabalhar em uma formatura durante a madrugada. Enquanto eu me arrumava, ele, todo bem-sucedido, perguntou o que eu fazia nas festas. Expliquei em detalhes. Logo depois, perguntou quanto eu ganharia, e eu disse que em média 10 reais por evento. Meu primo riu e virei a piada do fim de semana. Aquilo me machucou, pois ele desvalorizou o que eu fazia.

Cheguei a pensar em dar razão a ele, porque o valor era baixíssimo, mas o que me impediu foi saber que no meu planejamento não importava propriamente o dinheiro pago, e sim o aprendizado técnico – a manutenção do grupo de teatro a que eu pertencia e do sonho do artista, tudo como processo para chegar ao objetivo. Foram essas noites de trabalho que me capacitaram a alcançar os teatros, já empresário, e debater sobre qualidade de som, tipo de luz e equipamentos.

Senhor Antônio me ensinou a viver ações que capacitam, a estabelecer um planejamento e ter disciplina para cumpri-lo, a vivenciar o possível para chegar ao almejado. E para isso é necessário renunciar à velocidade sem perder a intensidade, sair da zona de conforto, desenvolver estratégias, ser fiel a elas, executando rápido, errando rápido e consertando depressa. É se comprometer com a jornada.

> *A coisa mais importante é estar completamente comprometido e bloquear qualquer ruído, porque ninguém fez o que você está tentando fazer. E a única forma de fazer é manter-se em linha reta e seguir em frente.*[50]

Com isso em mente, você não mais me perguntará como ter milhões de seguidores; você desenvolverá seu conteúdo estratégico sabendo que estes são uma consequência dos pontos elencados neste manual. Você não vai focar os algoritmos, mas as pessoas, que são quem de fato move os algoritmos. Sua preocupação sempre deve ser sobre gerar valor para depois aprender os *hacks* de crescimento; para isso, planeje-se e saiba que será preciso fazer escolhas.

Eu tinha uma mentorada que nunca foi muito adepta ao mundo digital; uma médica tradicional, apaixonada pela profissão e pelo aprendizado constante. Quando a conheci, ela nem sequer tinha televisão em casa. E não tinha noção da potência que poderia se tornar ao aliar seu conhecimento à influência advinda da comunicação assertiva no meio digital.

Quando começamos a conversar, então, eu lhe apresentei algumas possibilidades digitais, mostrei as questões de engajamento e como produzir conteúdo. A equipe dela agradeceu imensamente minha chegada,

---

[50] VAYNERCHUK, Gary. Op. cit., livro digital.

pois eles tentavam fazer com que gravasse alguns materiais, mas ela não o fazia, argumentando que era médica e não tinha "tempo para essas coisas". A questão, afinal, é não dedicar tempo a algo que hoje se mostra fundamental em quase todas as profissões. No mundo conectado em rede de clientes, não basta ser bom, tem que parecer bom. Você precisa mostrar ao cliente/paciente em potencial a qualidade de seu trabalho e sua capacidade; e o conteúdo contextualizado é uma forma de atingir esse objetivo.

Para convencer minha mentorada, levantei a seguinte pergunta: "Para que você estudou medicina?". Ela respondeu que era por amor e para ter qualidade de vida. Aí retruquei: "Qualidade de vida trabalhando dezesseis horas por dia? Já pensou quando você for mãe?". Aquilo mexeu com ela. E eu pedi que me mostrasse suas fontes de renda: consultas particulares, cirurgias, consultas em planos de saúde etc. Alguns dias depois, ela se disse surpresa pelo fato de 60% do tempo dela ser gasto com o que gerava 20% de suas receitas.

Já percebeu como levamos a vida no automático? Talvez você não queira parar e analisar a situação pela ausência de tempo e seja freado por falta de saúde; talvez não pare por medo de constatar que não está feliz. Eu não sei o motivo, mas tenho certeza de que não olhar para si é uma das formas mais rápidas de desperdiçar a vida que Deus lhe deu.

> **A VIDA É PARA SER PLENA, MAS ISSO SÓ É POSSÍVEL QUANDO NÓS A PLANEJAMOS, ESTABELECENDO OBJETIVOS E METAS.**

Voltando ao caso da mentorada, com dados em mãos começamos a desenvolver um planejamento que a levasse à tão sonhada qualidade de vida. Aumentar faturamento e diminuir carga horária: estava lançado o objetivo que nos levaria ao propósito.

Para isso, traçamos metas:

1. aumentar as consultas particulares;
2. aumentar as cirurgias particulares;
3. diminuir o número de horas trabalhadas.

O caminho era claro: precisávamos de mais relevância, o que só seria possível com o apoio das redes sociais. Ela tinha de produzir conteúdo. A conta foi simples: em determinado plano de saúde, ela ganhava 90 reais por consulta e atendia cerca de 7 pessoas por turno; era necessário bloquear a agenda dela em um turno para que esse tempo fosse dedicado à produção de conteúdo para redes sociais.

Diante do constatado, além do investimento em equipe de mídia, que girava em torno de 1.400 reais por mês, ela teria de renunciar a 28 consultas mensais. Logo, o investimento total seria a soma de 28 consultas multiplicadas por 90 reais – afinal, ela deixaria de atender pessoas que ocupariam esse horário; custo da equipe de mídia. Ou seja, 3.920 reais. Por que é importante fazer essa conta? Para mostrar que investir em conteúdo é algo que vale a pena. Deve-se fundamentar cada passo da estratégia.

A médica topou e, passados três meses, começou a notar um pequeno engajamento em suas redes sociais, já gerando interação com pacientes em potencial. Depois de seis meses, a procura por consultas particulares aumentou. Tempos depois, não tinha mais horário para consultas particulares, o que justificou o aumento do preço, seguindo o princípio milenar da famosa lei da oferta e demanda. A consulta passou de 300 reais para 450 reais.

Nesse momento, calculamos: quantas consultas particulares ela faz por mês? Se estava fazendo cerca de 30, a meta já tinha sido batida, pois somente nas consultas particulares tínhamos um ganho de 4.500 reais; isso, diante do investimento de 3.920 reais, dava um lucro de 580 reais – ou seja, o setor de conteúdo estava pago, inclusive as horas dedicadas por ela a ele. E esse foi apenas o ganho direto. Além dele, houve um ganho incalculável: a relevância que aumentou com a produção de conteúdo.

Esse processo foi fruto de um planejamento que exigiu coragem, economias iniciais, vencer a timidez e crenças limitantes ao produzir um conteúdo assertivo. Tais passos mostraram à mentorada que ela poderia realizar seu desejo de sair de um plano de saúde cuja vivência era limitante.

Em Palmas, para muitos médicos essa nova realidade seria impossível, pois se trata de uma cidade praticamente administrativa, onde boa parte da população vive do funcionalismo público, e não trabalhar com determinados planos é abrir mão de muitos pacientes. Mas para minha aluna foi questão de tempo. Vale ressaltar que a relação médica e plano de saúde a fazia perder o amor pela profissão. O que a mantinha era o amor a cada paciente.

Aos poucos, demonstrei que ela não dependia do plano; se quisesse cuidar de determinadas pessoas que não poderiam pagar a consulta particular, poderia fazer isso para quem de fato precisa, iniciando o atendimento no Sistema Público de Saúde ou atuando *pro bono*.

Existem, porém, decisões que não podem ser forçadas nem entregues à lógica, pois estão ligadas ao ser, não ao ter. Era um caso desses. Ela precisava de tempo para digerir as mudanças. "A neurociência explica a interação entre razão e emoção: primeiro nós sentimos, depois pensamos e agimos, às vezes agimos até antes de pensar, ditados pela emoção, de modo impulsivo."[51]

Hoje, três anos depois do início do projeto, a médica está sempre com a agenda lotada, ao mesmo tempo que consegue se dedicar mais a sua filha. Além disso, ela ganha mais e trabalha menos, construindo o propósito de uma vida com qualidade. Decidiu tomar as rédeas da própria vida, escolhendo o rumo com que sonhou, e não aquilo que as pessoas estavam escolhendo para ela.

Todas as áreas da vida exigem planejamentos; estes geram segurança às decisões, então, mesmo sem garantir vitória, minimizam os riscos,

---

[51] MARTINS, Montserrat. Razão e emoção. *EcoDebate*, 10 set. 2018. Disponível em: https://www.ecodebate.com.br/2018/09/10/razao-e-emocao-artigo-de-montserrat-martins/. Acesso em: 3 mar. 2023.

VOCÊ NÃO PRECISA FALAR TUDO AQUILO EM QUE ACREDITA OU O QUE PENSA. VOCÊ PRECISA PLANEJAR PARA TRANSFORMAR SEUS PENSAMENTOS EM AÇÕES E SUAS AÇÕES EM RESULTADOS.

como já discorremos. Perceba que a ideia é caminhar, não esperar as soluções caírem dos céus.

> *Faça coisas! Crie conteúdo diariamente. Desenvolva o negócio todo dia. Encontre-se com duas ou três pessoas por dia, pessoas com quem você possa obter presença, distribuição ou vendas – coisas próximas das suas metas. [...] Envie mensagens diretas para pessoas no Instagram com ofertas para colaborar.*[52]

Outra área em que é importante desenvolver e aplicar o planejamento é nos relacionamentos. Quando abro para perguntas nas redes, sempre questionam como construir *network*, a rede de contatos que potencializa suas carreiras ou negócios. Além de tratar de pessoas, da capacidade de ser interessante sem ser interesseiro, é fundamental estar com pessoas certas no tempo certo. Se você não tem condições de gerar valor para alguém, estude, prepare-se e depois busque se conectar.

Em todos os eventos de que participo alguém diz que será empresariado por mim, mas sabe quantas dessas pessoas se tornaram minhas artistas? Nenhuma. Pois são rápidas para falar, lentas para planejar e ineficazes em executar.

Ao mesmo tempo, cito o *case* da Patrícia Ramos, grande atriz do nosso *casting*, que foi a um de nossos shows quando tinha pouco engajamento, mas já sonhava em estar na empresa, mesmo que jamais tenha explicitado isso. Ela foi desenvolvendo seu conteúdo ao lado de seu marido e eles se planejaram para realizar um sonho. Amigos de alguém próximo a mim, só pediram que a pessoa fizesse a conexão quando Patrícia se sentisse pronta para ser potencializada – ela havia crescido em engajamento, conquistado o respeito da base e poderia, então, escalar.

---

52 VAYNERCHUK, Gary. Op. cit., livro digital.

Já ouviu falar no bilionário da educação Janguiê Diniz? A história dele merece ser conhecida por todos: saindo de engraxate para a lista da *Forbes*,[53] certamente tem muito a nos ensinar. Sempre quis me aproximar dele – mais para aprender que para me tornar sócio. Janguiê era amigo do meu sócio Kaká Diniz, que, diga-se de passagem, é o melhor profissional de relacionamentos do mundo. Costumo dizer: "Jamais deixe uma fresta da sua porta aberta quando Kaká estiver por perto, pois ele conseguirá entrar, sentar-se à mesa e fazer com que você saia do seu quarto para ele dormir lá". Tudo isso sem ele pedir, mas com você insistindo para isso acontecer. Ele tem o dom de conectar pessoas, é doutor em ser interessante sem ser interesseiro; foi assim, inclusive, que dei a ideia de ele ser sócio da Non Stop, uma decisão mega-acertada que propiciou ainda mais crescimento ao negócio.

Bom, eu poderia pedir para Kaká me apresentar a Janguiê, mas não poderia forçar uma situação sem estar preparado para ela, sem saber que valor eu geraria na vida dele; então, passei a segui-lo e a acompanhar todo o seu conteúdo, a ouvir o que as pessoas falavam sobre ele. Foi assim que percebi que ele tinha a necessidade negocial de estar no digital, haja vista ser um movimento necessário nos anos 2020, quando pesquisas mostram que as pessoas optam por empresas cujo líder está nas redes.[54] Eu tinha o que agregar, afinal esta é minha função: suscitar *insights* valiosos para profissionais.

Ou seja, eu tinha algo a oferecer ao grande homem de negócios, mas não poderia chegar oferecendo, então esperei o momento oportuno. Em Maceió, nós dois palestramos no mesmo evento, ambos convidados pelo gigante dos negócios João Kepler. Enquanto eu me apresentava, vi o bilionário na plateia me assistindo. Assim, no *after* do evento, não

---

[53] EX-ENGRAXATE é o novo brasileiro na lista de bilionários da 'Forbes'. *UOL*, 30 jun. 2014. Disponível em: https://economia.uol.com.br/noticias/redacao/2014/06/30/ex-engraxate-e-o-novo-brasileiro-na-lista-de-bilionarios-da-forbes.htm. Acesso em: 7 mar. 2023.

[54] MACHADO, Flavia. Entenda o movimento CEO Influencer. *LinkedIn*, 19 out. 2022. Disponível em: https://www.linkedin.com/pulse/entenda-o-movimento-ceo-influencer-fl%C3%A1via-machado/. Acesso em: 22 jun. 2023.

precisei oferecer meu conhecimento, pois ele já tinha visto minha capacidade e logo se pôs a conversar comigo. Esse foi o início de uma conexão que nos levou a uma sociedade e uma amizade.

Perceba que utilizei o planejamento:

1. pesquisa;
2. conhecer meu ponto forte, que é fornecer *insights* para estabelecer sua carreira no digital;
3. momento certo, quando pude me mostrar interessante.

Por isso, digo que influenciar está ligado a ser sua melhor versão, não ferindo seus princípios, vivendo e permitindo que outras pessoas também vivam em plenitude.

Pois é, os relacionamentos são frutos de dois tipos de planejamento: o de se preparar para falar com a pessoa, usando sua habilidade específica no tempo certo (meu caso com Janguiê); e aquele em que você vive a reafirmação de sua identidade, sendo essencialmente você (é, por exemplo, o que conecta Kepler e Kaká a tanta gente).

> *Planejar é o processo contínuo de, sistematicamente e com o maior conhecimento possível do futuro contido, tomar decisões atuais que envolvem riscos; organizar sistematicamente as atividades necessárias à execução dessas decisões e, por meio de uma retroalimentação organizada e sistemática, medir o resultado dessas decisões em confronto com as expectativas alimentadas.*[55]

Não é diferente no mundo dos negócios, em que, para viver nossos projetos com intensidade, devemos nos preparar para os estágios a ser enfrentados, nos dotarmos de resiliência.

---

55 DRUCKER, Peter F. *Introdução à administração*. 3. ed. São Paulo: Pioneira, 1998. p. 138.

INFLUENCIAR ESTÁ LIGADO A SER SUA MELHOR VERSÃO, NÃO FERINDO SEUS PRINCÍPIOS, VIVENDO E PERMITINDO QUE OUTRAS PESSOAS TAMBÉM VIVAM EM PLENITUDE.

Muitas pessoas que querem empreender matam seus sonhos por não se planejarem e esquecerem que existe um tipo de empreendedorismo pouco difundido, mas essencial para forjar o empreendedor: o intraempreendedorismo, fenômeno que ocorre dentro das empresas, nas quais o colaborador entra em uma função qualquer e, com seus resultados, vai crescendo a ponto de, às vezes, chegar à presidência do grupo.

Sem dúvidas, é um projeto que demanda tempo, mas gera a firmeza para enfrentar a batalha de ter o próprio negócio. A vantagem, nesse caso, é cumprir o processo em um ambiente mais controlado, haja vista você não ter responsabilidade direta pelas nuances externas.

Imagine que quer empreender no ramo de supermercados. Vai ser sensacional trabalhar em uma grande rede, estipular um tempo para crescer, conhecer diferentes áreas e se preparar para o próprio negócio. Você empreenderá da mesma forma, mas internamente. A questão é não se acomodar e se planejar, estabelecendo metas palpáveis para evoluir dentro do negócio, e, na sequência, aplicar num empreendimento seu o que foi aprendido.

Viver seu propósito não é uma corrida de 100 metros, mas uma maratona. Não precisa ser um processo rápido, porém tem de ser intenso, agradável e perene. Viver seu propósito não está ligado a viver apenas do que se ama, mas a viver o processo caminhando da forma mais aprazível possível. Para isso, é necessário analisar de onde veio, onde está, para onde vai e se está no caminho correto. Não tenha medo de estar no caminho errado, mas de permanecer nele.

AÇÃO 7
COMPRE O QUE PODE PARA CHEGAR AONDE QUER

É preciso passar por algumas fases para acertar o alvo desejado. No meu exemplo, eu pretendia criar uma conexão com o Janguiê Diniz. Pensei, então, no seguinte plano.

Alvo: conectar-me com o Janguiê.
Fase 1: pesquisar e descobrir como gerar valor para ele.
Fase 2: entender meu ponto forte e ofertar como valor a ele.
Fase 3: identificar o melhor momento para isso acontecer.

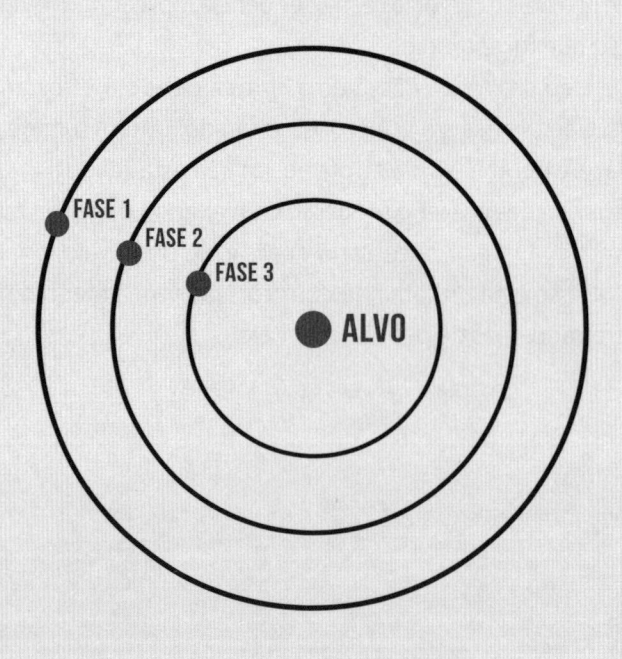

Agora é a sua vez! Qual é seu alvo e quais as fases necessárias para chegar até ele? Responda às perguntas no quadro a seguir com base no modelo indicado anteriormente.

ALVO	
FASE 1	
FASE 2	
FASE 3	

PRINCÍPIO 8

MEDIR A ÁGUA E O FUBÁ PARA NÃO DAR CAROÇO

Desde que montei a Non Stop, dei o sangue pelo negócio, a ponto de desequilibrar minha saúde emocional e física, e até mesmo meus relacionamentos. Em alguns meses, por exemplo, viajávamos durante 27 dias, íamos dormir às duas da manhã e acordávamos às cinco para não perder voos. Como narrei minha trajetória, não posso deixar de mostrar que sofri, errei, me desequilibrei. Eu era empresário e produtor, o que implicava acompanhar meus artistas em diversas cidades, comer mal, dormir pouco e sacrificar minha convivência com quem de fato era importante: meus familiares.

Foi nesse período que cheguei a pesar 150 quilos e comecei a sofrer de depressão. A empresa ia bem, mas todos os demais âmbitos da vida iam mal.

Fiquei doente. Em uma das conversas que começaram a me tirar do buraco, meu pai, com seu jeito simples, me disse: "Alec, você precisa parar um pouco, cuidar da saúde, da cabeça. Tem que cuidar da máquina, ou a produção para. Deixa de fazer umas coisas, cuida das outras. Tem que medir a água e o fubá para não dar caroço e não perder tudo". Essa fala foi um verdadeiro disparador de mudanças, pois me fez analisar onde eu tinha errado: em qual dos ingredientes ou qual etapa do modo de preparo?

Quantas vezes eu medi meu sucesso com a régua errada e induzi pessoas ao erro ao medirem suas carreiras? Perceba que uma análise errada o leva a gerar danos para mais gente, não só a você. Inclusive, minha medida não é a mesma do meu sócio, que não é dos colaboradores, que não é a dos talentos... não adianta eu determinar algo a alguém, tampouco delegar a alguém aquilo que cabe somente a mim.

Como um empresário bem-sucedido, eu me deparei com o fundo do poço que eu mesmo cavei.

> O orgulho não se satisfaz em ter uma coisa, mas em tê-la em quantidade maior do que os outros. Dizemos que as pessoas se orgulham de ser ricas, espertas ou bonitas, mas isso não é verdade. Elas têm orgulho de ser mais ricas, mais espertas ou mais bonitas que as outras. Se todos fossem igualmente ricos, inteligentes ou bonitos, não haveria motivo de orgulho.[56]

Erramos em diversas análises por utilizarmos os medidores incorretos, inclusive em nossos negócios e nossas carreiras, e pessoas influentes devem se preocupar em ter o medidor correto para analisar cada elemento. Foi na dor que aprendi que não se analisa felicidade em termos de dinheiro, mas com a capacidade de realizar aquilo que o faz feliz. Assim, entendi que não preciso ser bilionário, nem viajar, perdendo esse tempo de estar na companhia da minha filha. Essa métrica me faz afirmar que não vou deixar de viver com a Helena o tempo que deixei de viver com o Gabriel, sob a justificativa de que estou ganhando o dinheiro do futuro deles e que eles entenderão.

> **CONHECER AS MÉTRICAS CORRETAS É O QUE LHE GARANTIRÁ O CRESCIMENTO EXPONENCIAL, POIS ELAS SERÃO PRECISAS AO INDICAR SE ESTÁ VIVENDO ALGO PARA SEU CRESCIMENTO OU PARA SUA QUEDA.**

---

56 KELLER, Timothy. *Ego transformado*. São Paulo: Vida Nova, 2014, livro digital.

Há um tipo de conhecimento que se tornou bastante acessível nos últimos anos, e ainda mais na pandemia – hoje, temos fácil acesso a diversos dados que antes eram escassos: nosso relógio afere pressão, batimentos cardíacos, nos lembra que precisamos treinar, cuidar do corpo, entre outras funções. A métrica errada o faz errar sem que saiba que está errando. É como uma pessoa que está começando a treinar e usa como parâmetro a diminuição do peso; de fato, talvez ela esteja perdendo massa magra, ganhando gordura e diminuindo o gasto calórico, o que no longo prazo a leva a engordar.

Em todos os âmbitos, vale lembrar que, mais importante que qualquer dado, é sua **aplicabilidade correta**. Não se deixe enganar pelas análises, estabeleça referenciais reais e, antes, para tudo isso funcionar, planeje-se, pois cada fase exige uma métrica de referência.

Focando negócios e influência, cito uma situação em que Whindersson Nunes começou a ser agressivamente criticado nas redes por um tuíte infeliz feito tempos antes, criticando uma pessoa. Na época, meu amigo, que considero um mago dos dados, Moriael Paiva, estava monitorando Whind e fazendo um levantamento para uma campanha, então logo viu o movimento ganhar força no mundo virtual.

O levantamento mostrava quem mais inflamava a opinião das pessoas; precisávamos nos comunicar com a pessoa criticada por Whind naquela época e mostrar quem de fato ele era. Nós o orientamos a mandar uma mensagem a ela e pedir desculpas pela postagem, que revelava um Whindersson imaturo. Ele fez isso, abriu espaço em suas redes para debater o assunto e a crise foi resolvida no tempo certo.

O que motivou a resolução?

1. Entender a métrica correta – no caso, identificar a pessoa para quem ele deveria pedir desculpas de forma individual.
2. Saber o momento certo, antes de a crise ecoar demais.
3. A autenticidade do artista, que assumiu seu erro e criou formas de repará-lo.

NÃO SE ANALISA FELICIDADE EM TERMOS DE DINHEIRO, MAS COM A CAPACIDADE DE REALIZAR AQUILO QUE O FAZ FELIZ.

Diversas crises ganham relevância no ambiente digital pela análise errada das métricas. Quando o assunto é influência por meio das redes sociais, não podemos deixar de focar ser melhor a cada dia; se caímos na comparação com o concorrente, a análise acaba incorreta e poderá nos fazer perder autenticidade e relevância. O concorrente pode servir de inspiração, mas não deve ser o parâmetro de crescimento e evolução – que, no fundo, sempre é pessoal e intransferível.

Certa mentorada, quando começou a crescer nas redes sociais, viveu um drama por causa de métrica errada. Certo dia, chegou afirmando que sua rede não estava crescendo em número de seguidores e eu logo perguntei por qual motivo ela desejava esse tipo de crescimento. A dentista explicou que queria ter mais pacientes. "Você só tem agenda para daqui a cinco meses e 75% dessas consultas estão vindo das redes sociais", eu lembrei. "E mais que crescer em seguidores, você tem que continuar gerando valor para seus mais de 20 mil seguidores atuais."

Se as redes dela têm função de influenciar a ponto de quem segue se tornar cliente, deixa de ser uma questão de seguidores; trata-se de conversão. Minha aluna precisa almejar potenciais pacientes, não apenas números; tem que alcançar clientes que têm ou podem desenvolver os traumas com que ela trabalha. Mais que isso, se decidiu atender 6 pacientes particulares por dia, considerando que separa dois dias na semana para novos pacientes, são 12 novos pacientes por semana, 48 no mês e 528 por ano – ela trabalha onze meses, afinal vida equilibrada é o foco.

Seguindo a conta, considerando que a conversão da dentista é de 10% nas redes sociais, ela precisa alcançar em média 5.280 novos seguidores por ano. E ela tinha ganhado 20 mil nos últimos dois anos! É legal perceber que, se não gasta atenção com o que não importa, você gera mais resultados. Hoje, ela já passou dos 50 mil seguidores e começou a abrir franquias em outros estados.

Certa vez, um talento me disse que produziu um conteúdo infantil; quando me mostrou, eu tive certeza de que seria sucesso: tratava-se de uma das coisas mais incríveis que já tinha visto. Mas a assessora me disse que não havia dado certo. Na minha cabeça, algo não fazia sentido: *Conteúdo bom, talento com audiência... o que será que aconteceu?*

Foi quando ela me disse que colocou o conteúdo na rede em que mais tinha seguidor, o Facebook. Caro leitor, não precisamos ir longe para saber que as crianças não acessam o Facebook, elas vivem no YouTube. Aí pergunto: o resultado obtido deve ser considerado? Não, métrica errada leva a análise errada e enterra um grande projeto. Esse é apenas um dos casos.

Isso também se aplica a *startups* cujas operações dão prejuízo. Elas continuam valendo milhões de reais, e isso ocorre pelo fato de o lucro não ser a métrica do investidor de longo prazo, que avalia o negócio, oportunidades de crescimento e a maturidade do negócio.

O primeiro grande ponto do ensinamento de meu pai, de medir a água e o fubá para não dar caroço, é ter a régua correta para o que se quer medir. Não posso medir felicidade por dinheiro, não posso medir sucesso apenas por trabalho, não posso medir influência apenas por número de seguidores e não posso medir grandes negócios só pelo lucro aparente. Tais métricas são muito utilizadas nos negócios digitais, haja vista as redes informarem tudo acerca da performance dos conteúdos. Se você não conhece o mundo de educação on-line, dou um exemplo: quando as vendas de um curso têm início, algumas métricas já dizem quantas vagas serão vendidas, com base na quantidade de interessados. As métricas são batidas minuto a minuto, pautando as constantes alterações de estratégia.

Certa vez, fomos lançar um curso com uma influenciadora gigantesca, com cerca de 15 milhões de seguidores. Ao começarmos a divulgação, víamos chegar muita gente interessada, e confesso que eu já pensava no dinheiro que ganharíamos. Pelo volume, seria um dos maiores lançamentos do mercado. Fizemos tudo certinho, mas, quando abrimos as vendas, elas não aconteciam. A frustração foi grande e fomos do estrondoso lucro esperado ao amargo prejuízo não planejado. No entanto, aprendemos algumas lições.

Com base nesse resultado, começamos a analisar a venda de produtos originais dos influenciadores; fizemos novos lançamentos com talentos diversos e em momentos variados. Percebemos que o melhor seria que os talentos fossem afiliados, pois assim as vendas resultavam em menos esforço e mais resultado. Além disso, precisávamos desenvolver a métrica para influenciadores que quisessem vender cursos. Com alguns ajustes, achamos um caminho e validamos no curso "Como ser interessante na internet", ministrado por Whindersson Nunes. Eis outro *insight* fundamental quando se trata de análises: além da métrica correta, deve-se ter tempo de maturação da métrica de análise.

Lembra o que contei sobre a atriz Patrícia Ramos? Foi necessário um minuto dela no palco para eu saber que deveria seguir a carreira de comediante, pois era engraçada, rápida e criativa. Ela pegou a ideia e um mês depois já estava ensaiando e apresentando um espetáculo-teste. Então, de fato lançamos seu show. Acreditávamos que seria sucesso em igrejas cristãs protestantes, pois ela fala muito para esse público.

Pois é, realizamos a estreia num espaço desses e foi um fracasso. O marido queria que ela desistisse de vez. É, porém, nesse ponto que entra o gestor. Pedi para realizarmos mais algumas apresentações em igrejas e testarmos também teatros normais. Tendo em vista que Patrícia é exemplar em ouvir e se dispor a testar, seus resultados indicavam que o melhor lugar seriam teatros convencionais, evidenciando que estávamos errados de início. Hoje colhemos frutos da resiliência, que nos propiciou perseverança e maturidade.

> *Meus irmãos, considerem motivo de grande alegria o fato de passarem por diversas provações, pois vocês sabem que a prova da sua fé produz perseverança. E a perseverança deve ter ação completa, a fim de que vocês sejam maduros e íntegros, sem lhes faltar coisa alguma* **(TIAGO 1:2-4).**

Quando falamos em análise, temos que evidenciar o tempo, não apenas utilizar dados soltos. Ao analisar o engajamento de postagens isoladas, você fica perdido em suas redes; se verificar o que as postagens que mais engajaram têm em comum, porém, percebe uma forma de comunicar. Para isso, é preciso produzir diversos conteúdos, sem desistir depois de eventuais fracassos no início.

NÃO POSSO MEDIR FELICIDADE POR DINHEIRO, NÃO POSSO MEDIR SUCESSO APENAS POR TRABALHO, NÃO POSSO MEDIR INFLUÊNCIA APENAS POR NÚMERO DE SEGUIDORES E NÃO POSSO MEDIR GRANDES NEGÓCIOS SÓ PELO LUCRO APARENTE.

Além disso, não pare de levantar os dados de análise: anote tudo o que julga importante e organize em grupos de interesse (pessoal, profissional, relacionamento conjugal, relacionamento com filhos etc.). Foram registros assim que me transformaram a partir de 2018. Eu anotava inclusive nos momentos de raiva, para depois, já calmo, perceber quão distorcidas eram minhas falas. Era uma métrica importante. Foi escrevendo que entendi que eu colocava a culpa dos erros em outras pessoas, notei diversas distorções de raciocínio e me preparei para decisões necessárias. Se encontramos os parâmetros corretos, as decisões se tornam mais fáceis; para isso, porém, é preciso aumentar os dados para ter maior referência na análise.

Observando em retrospecto meus processos, me arrependo de muitas decisões que tomei, pois essa compreensão me fez ser quem sou hoje. Se no passado fui o que as pessoas queriam que eu fosse, hoje sou o homem que sempre quis ser.

Analisando o assunto em determinado intervalo e com a métrica correta, você poderá ajustar seu planejamento, colocando em prática ações assertivas e entendendo não ser possível perder atenção em momento algum, pois os processos existem para nos capacitar e nos fazer evoluir.

Crie um relacionamento sério com seu propósito, evite desistências e perda de foco. Uma análise correta vai impulsioná-lo, ainda que o faça desistir de algo que percebeu não ser motivador. Neste primeiro livro, espero que meu jeito apaixonado de escrever alcance seu coração. Fiz questão de contar detalhes da minha trajetória, de abrir minha mente para acelerar seu crescimento a fim de que você se transforme em uma pessoa melhor e mais feliz.

Hoje eu sei o que quero. Sempre fui muito feliz na Non Stop, amo meus negócios, mas não quero mais ir para o escritório no dia a dia, pois o que me move é encontrar pessoas nos aeroportos e abraçá-las, ensinar a transformarem suas paixões e conhecimentos em negócios com receitas diversificadas através da influência. Minhas análises, aliadas à minha paixão por ensinar, me levaram a dizer *stop* para meu negócio e focar o que realmente me move. Não deixe de me parar quando me vir por aí e não deixe de ir aos eventos quando eu for palestrar. É para mim e por você que decidi escalar meu talento de gerir carreiras.

Um dia, em Paris, numa turnê, reencontrei um garoto chamado Cristian Bell. Fazia cinco anos desde quando tínhamos nos visto pela primeira e única vez. Nós nos conhecemos em Feira de Santana; na ocasião, mesmo sem ser muito famoso, ele estava abrindo o show de um artista nosso. Eu fui até o rapaz e disse que ele era muito bom, que deveria investir no digital. Não nos vimos mais, mas passei a segui-lo. Eu acompanhei seu crescimento absurdo nas redes – um humorista nato, um verdadeiro artista que passou a compor diversas músicas de sucesso.

Em nosso segundo encontro, ele me agradeceu, disse que saiu me elogiando para todo mundo, pois eu era o empresário do Whindersson Nunes. Não precisou falar meu nome, meu resultado já me legitimava a ser uma opinião importante e o conduziu a produzir conteúdo e se tornar um gigante do digital. Ele já era bom, sem dúvida. Eu, que não fui seu empresário, o ajudei a reconhecer algo que existia nele. Talvez já tivesse ouvido algo parecido de outras pessoas, mas em mim ele encontrou a **métrica** para validar seu talento.

Olhe como é a vida; foi no encontro de Paris que Cristian marcou o meu início como mentor e palestrante, pois, já sendo um artista estabelecido (métrica correta), sua história validou a minha missão de tirar pessoas do lugar de renúncia de seus talentos para se tornarem pessoas e negócios de sucesso. Posso não ter encontrado você ou visto seu trabalho, mas garanto que os passos ensinados aqui o levarão à plenitude de vida, sendo um ser humano melhor e, de fato, sua melhor versão. Uma pessoa influente.

Interessante perceber que antes as pessoas se aproximavam de mim para apresentar alguém ou mostrar talentos. Hoje, entre palestras, *lives* e mentorias, elas me agradecem: "Obrigado. Jamais interrompa seu propósito, você vai levantar muita gente".

Se comunicação não é o que você fala, mas o que o outro compreende, é preciso estar atento ao que estão entendendo – esse tem de ser um parâmetro de validação de seu propósito.

AÇÃO 8
MEDIR A ÁGUA E O FUBÁ PARA NÃO DAR CAROÇO

Já escutou aquele ditado: "Não ouça conselhos construtivos de quem nunca construiu nada"? Bem, as métricas são assim. Você precisa saber o que quer para identificar o que medir.

Por exemplo: no caso da minha mentorada médica, o desejo era ter mais pacientes por meio da internet, então o plano foi o seguinte:

Alvo: ter mais pacientes.
Métrica: converter seguidores em pacientes.

No quadro abaixo, escreva o que deseja e qual é a métrica relevante para que você alcance o seu desejo.

ALVO	MÉTRICA

PRINCÍPIO 9

NÃO ADIANTA SALGAR CARNE PODRE

Assim chegamos ao último capítulo – espero que você tenha feito o "ahhhhhh" de quem não viu o tempo passar e queria que esta leitura não acabasse –, cujo título se refere à lição que aprendi com meu maior prejuízo financeiro direto, mas que foi, também, aquela que me capacitou a ser um grande empreendedor.

Quando tive em mãos minha primeira reserva financeira, meu pai me mostrou um imóvel – ele, que sempre foi muito habilidoso em fazer valorizar bens. Era um grande negócio, pois estava abandonado, com dívida de impostos e prestes a ir a leilão. Decidi comprá-lo, regularizar a dívida e reformar por completo. Uma arquiteta projetou minha casa dos sonhos, algo contrário à realidade do local, mas era o que eu queria. Mesmo que meu pai tivesse me avisado que o imóvel não era para isso, que não era para eu morar lá, mas reformar e vender, obtendo um belo lucro. Contrariando o senhor Antônio, investi pesado, iniciei a construção e... comecei a ter problemas. Meu pai tinha razão outra vez.

Não tive medo de reconhecer meu erro: havia gastado muito lá e o projeto realmente era audacioso demais para a região. Com calma, ele me disse: "Alec, não adianta salgar carne podre. Tem coisas na vida que você vai tentar arrumar e só vai perder tempo, produto e dinheiro. Salgar carne estragada, colocar para assar, não faz ela ficar comível. Aquele imóvel não era carne podre, mas você quis fazer uma coisa que o estragou. Se continuar, vai perder mais dinheiro".

Ele tinha razão. Desisti do projeto megalomaníaco, transformei o imóvel em três apartamentos, gastei com material e pedreiro e mexi num campo que não domino. Para o leitor ter ideia, até hoje quero vender dois dos três imóveis, e já baixei o valor inúmeras vezes. Consegui alugá-los, mas sempre estiveram à venda, e o prejuízo é fato. Levei o princípio de salgar a carne para a vida, aprendendo a investir em talentos e negócios que são carnes nobres.

Minha expertise é potencializar indivíduos em suas carreiras ou seus negócios, pegando alguém em movimento, não do zero, e acelerando seu crescimento. A grande questão é que as pessoas só se revelam quando alcançam fama ou poder. E, como tudo são métricas, começamos a identificar comportamentos que demonstram os problemas que virão com a fama, podendo afirmar que sempre estarão ligados a um ou a alguns itens apresentados nos capítulos anteriores.

No entanto, fazer algo ou insistir em algum ponto só por dinheiro é salgar carne podre, e posso afirmar que, quanto mais investe, mais você perde dinheiro. Perde em saúde, com relacionamentos doentios; colaboradores talentosos desistem do seu negócio; e gasta-se um tempo que não volta mais. Ou seja, não insista em gente que demonstre não ser o que de fato é. A pessoa que não é autêntica com o próximo tampouco o será com você. E ela tem o poder de destruir sonhos. Não esteja com quem não está disposto a somar de forma verdadeira.

Também não perca tempo e investimento com algo que não está no planejamento, pois você estará salgando algo que não é real. Não seja o produtor de conteúdo daquilo que não ama, não esteja em uma empresa que não o auxilie a cumprir seu propósito, não gaste tempo ouvindo gente sem autoridade e autenticidade para agregar à sua vida. Acredite, em algum momento você vai cansar e jogar tudo para o alto.

Isso vale também para aqueles que vivem negócios que já demonstraram não ser rentáveis, mas querem insistir. Até quando você vai desvalorizar seu tempo? Posso afirmar que, muito em breve, vai se arrepender. Não seja alguém que investe tempo em algo em que não acredita; o tempo é valioso demais para você não o gastar com o que realmente importa.

ATÉ QUANDO VOCÊ VAI DESVALORIZAR SEU TEMPO?

Na Non Stop, por exemplo, nossos maiores problemas foram com colaboradores e talentos que não estavam alinhados às próprias identidades, que não sabiam para onde queriam ir e levaram a equipe a se perder. Certa vez, investi em um grupo musical que todos ao redor falavam que não daria certo, mas insisti, pois admirava o trabalho deles. Quando já tinha investido 30 mil reais, percebi que os integrantes estavam perdidos, não eram proativos. Cogitei sair do projeto, pensei que precisaria recuperar o investimento, e lá se foram mais 120 mil reais, gastos em investimento em assessoria de rádios e eventos de divulgação sem obter retorno algum. Ou seja, a carne podre se revelou na falta de autenticidade, que gerou uma farsa com lastros de verdade. Não vale a pena.

> *E aqui vai a condição primária para o sucesso, o grande segredo: concentre sua energia, seu pensamento e seu capital exclusivamente no negócio em que você está engajado. Tendo escolhido uma linha, decida lutar para reproduzir essa linha, para ser o melhor nela, adote cada melhoramento, tenha o melhor maquinário e saiba o máximo sobre ela. As firmas que falham são as que espalham seu capital, o que significa espalhar também sua mente. Investem nisso, naquilo, ou em outro, aqui, lá, em todo lugar. O ditado "não coloque todos os ovos numa única cesta" está errado. Eu digo: "Coloque todos os ovos numa única cesta; depois fique de olho nela". Olhe ao redor e fique atento; quem faz isso não costuma fracassar. É fácil cuidar de uma única cesta e carregá-la. É carregando cestas demais que muitos ovos são quebrados neste país.*[57]

Outra forma de salgar carne podre é empurrar pessoas que não são treináveis, que não estão dispostas a passar pela etapa de aprendizado.

---

57 KELLER, Gary; PAPASAN, Jay. Op. cit., livro digital.

Ninguém sabe tudo, ninguém acerta o tempo todo, ninguém é 100% bom ou ruim. Quando se trata de pessoas, sempre lidaremos com seres em evolução, que precisam de disposição para errar, ajustar e ensinar. Se negócios são sobre pessoas, sempre teremos a curva de aprendizagem típica do ser humano.

E aí entra uma questão: sempre acreditamos ser possível mudar o outro e, nesse intuito, entramos no círculo vicioso do salgamento da carne estragada. Podemos ajudar as pessoas a entenderem seus erros, mas elas só vão mudar quando quiserem. Existem aquelas que serão influenciadas por outras, mas não por você, por isso não impeça o crescimento delas tentando ser mentor de quem não quer ser mentorado.

Para que isso funcione, não podemos estar com aqueles não estão indo para o mesmo caminho. Conforme diz a Palavra: "Duas pessoas andarão juntas se não tiverem de acordo?" (Amós 3:3).

Não salgar carne podre é valorizar o que importa, cuidando do que é mais precioso em sua vida: sua atenção. Não perca tempo não sendo você, não sendo sua melhor versão ou justificando o que não precisa ser justificado. Aqui está o manual de sua melhor versão: ser você, mesmo que imperfeito; ser verdadeiro, humano, mostrando-se disponível para viver intensamente os processos da jornada, aprendendo a cada estágio de seu projeto de vida.

Para finalizar, eu gostaria de tirar um peso de suas costas. Talvez você tenha se tornado especialista em salgar carne podre, mas isso não é um problema. O foco não é o tempo nem o sal perdido, mas o que você vai fazer de diferente a partir do momento que descobriu que a carne estava estragada.

> *Em termos práticos, não importa se você é um estudante em busca de notas melhores, um executivo júnior em busca de um salário mais alto ou um professor procurando inspirar seus alunos, você não precisa se empenhar tanto para gerar poder e produzir resultados. [...] o nosso potencial não é fixo. Quanto mais movemos o nosso ponto de apoio (ou atitude mental), mais a nossa*

> *alavanca se alonga e, em consequência, mais poder geramos. Mova o ponto de apoio de forma que toda a força vá para a atitude mental negativa e nunca sairá do chão. Mova o ponto de apoio para uma atitude mental positiva e o poder da alavanca é intensificado – e você pode levantar o que quiser.*[58]

Existem muitas carnes frescas disponíveis; fomos criados por um Ser misericordioso que nos vivifica todos os dias, nos ama, perdoa e consola. Que faz novas todas as coisas e nos renova. Ou seja, não é o peso do que você viveu que determina suas vitórias, mas seus pontos de apoio.

Todos temos um chamado. Não viemos para a Terra por acaso, mas para cumprir uma missão. E, enquanto não vive intensamente sua missão, você não é pleno. Não sendo pleno, não gera valor para quem está ao lado. Não gerando valor, não cumpre o chamado para influenciar pessoas. A influência começa com você se olhando no espelho e dizendo: "Eu sou a melhor versão que posso ser; logo, serei uma potência".

> *Independentemente de onde você está, de quem você é, da cor da sua pele, de onde você veio, seu tamanho, formato e todo o resto, se você acha que é bom em alguma coisa e coloca isso no seu trabalho, eu garanto que vai chegar a algum lugar. Sabe, é difícil entender isso direito quando você não tem a experiência, mas eu só peguei o conceito e coloquei em prática.*[59]

Eu não preciso saber sua idade para afirmar que sempre é tempo de alcançar a plenitude da vida. Que esse ajuste seja planejado, com passos certeiros analisados por métricas corretas.

---

58 ACHOR, Shawn. Op. cit., livro digital.
59 VAYNERCHUK, Gary. Op. cit., livro digital.

AQUI ESTÁ O MANUAL DE SUA MELHOR VERSÃO: SER VOCÊ, MESMO QUE IMPERFEITO; SER VERDADEIRO, HUMANO, MOSTRANDO-SE DISPONÍVEL PARA VIVER INTENSAMENTE OS PROCESSOS DA JORNADA, APRENDENDO A CADA ESTÁGIO DE SEU PROJETO DE VIDA.

Além disso, jamais se esqueça de que conhecimento sem ação é algo inútil. É como o curso on-line que comprou e não assistiu, ou a mensalidade da academia que você pagou mesmo sem ir, ou a vida que você tem e não está aproveitando. Ler este manual e não o colocar em prática não mudará sua vida.

Eu, Alex, decidi viver com intensidade o meu propósito, que começa em mim; então, ao aplicá-lo na vida, me torno autêntico. Esse sou eu vivendo: planejando, executando tudo com atenção plena, analisando os resultados com as métricas corretas, errando, ajustando a rota e sem me desviar jamais do meu destino, dirigindo o necessário, fazendo o possível e deixando Deus realizar o impossível. Seja você, seja autêntico, seja o amor, seja a pessoa que ama pessoas, seja resiliência durante o processo, seja crença na promessa, seja o projeto de Deus, seja o cumpridor do seu chamado, seja influente.

Que Deus o abençoe rica e abundantemente.

Pai, hoje clamo pelo leitor que chegou ao fim deste livro. Peço que o Senhor derrame Suas bênçãos, revelando Seu chamado, Seu cuidado, e alimentando diariamente. Que este dia seja o ponto de virada para a carne que é vivificada pelo Espírito Santo do Senhor. Que todo o potencial dela seja exposto, que caiam as escamas que a impedem de ver seus talentos. Que se cumpram seus planos em sua vida. É o que lhe peço, em nome de Jesus.

Amém.

AÇÃO 9
NÃO ADIANTA SALGAR CARNE PODRE

Tudo o que você viu até aqui teve o objetivo de ajudá-lo a descobrir o seu tempero, o seu ingrediente especial. A autenticidade é o meu tempero. Qual é o seu? Responda nas linhas a seguir.

_____
_____
_____
_____
_____
_____
_____
_____
_____
_____
_____
_____
_____

[[AGRADECIMENTOS]]

A Deus, por me amar, me perdoar e me tirar do lugar de morte para a vida.

Aos meus pais, por serem os melhores pais do mundo no contexto em que estavam inseridos, tornando-se personagens desta obra.

Aos meus filhos, Biel e Helena (Totocos), que me ensinam todos os dias a entender a unicidade em que cada ser humano é formado.

Aos meus irmãos, Kaká Diniz, Klaus Cunha e Aline Monteiro, por me amarem incondicionalmente e serem paz nos momentos de turbulência.

A minha empresa Non Stop, em especial aos meus sócios Douglas Nascimento, Janguiê Diniz, João Kepler, Nílio Portella, Tulio Mêne, Joel Jota, Sergio e Leo Pitta, que me permitiram um tempo de tranquilidade para escrever e revisar estas páginas.

A três pessoas que me permitiram chegar até aqui: Gustavo Mendes, meu primeiro artista; Whindersson Nunes, a essência artística mais apaixonada que conheci; e Tirullipa, meu maior desafio e aprendizado sobre estar disponível para ajudar.

A Moriael Paiva, Chico Mendez, Leandro Aguiari e Felipe André, meus grandes referenciais em estratégia de comunicação.

Aos amigos Ítalo Gusso, Luciano Fazolato, Gabriel Chalita, Lucas Gilbert, Diogo Vitório, Paula Abreu, Raquel França, Sérgio Abrantes, Henrique Bravo, Maurinho Divulga, Emerson Pinheiro, Jéssica Kesseler, Priscila Rodovalho, Lucas Cunha, Bruno Avelar, Jonathan Leão, Bruno Lima, Eliane Moreira, Vantuil Júnior e Arcedino Concesso.

Editora Planeta Brasil | 20 ANOS
Acreditamos nos livros

Este livro foi composto em Dante MT Std e impresso pela Geográfica para a Editora Planeta do Brasil em setembro de 2023.